紛争後の復興開発を考える

アンゴラと内戦・資源・国家統合・中国・地雷

稲田十一［著］

創成社

はじめに

創成社は、近年、国際協力の分野で、とても興味深いテーマに関する新書を「国際協力シリーズ」として刊行している。国際協力に関わる研究者として、その多くを読んでいたが、近年では半年に一度開催される国際開発学会の書店ブースで、毎回、新しく刊行される「国際協力シリーズ」を購入するというのが習慣になっていた。そうした機会を通じて創成社の担当者と話しているうちに、私も新書を出してみないかという話が進んだ。

「紛争と開発」に関連する本の出版は、2004年の『紛争と復興支援―平和構築に向けた国際社会の対応』、2009年の『開発と平和―脆弱国家支援論』（いずれも有斐閣）に続いて、本書で3冊目である。前著の出版から5年目にあたり、ちょうど5年ごとにこのテーマに関連する本を出版していることになる。「紛争と開発」に関する国際的課題は、とりわけ冷戦の終焉以降、国際的に大きく注目されるテーマとなり、過去10年間を見ても、次々と新しい状況が生まれてきている一方で、国際社会の関与の事例も増え、以前にも増してますます重要な国際社会のテーマとなってきている。また、紛争後の復興開発に関する研究者による調査研究や実務家による体験記も格段に増えてきている。新しい状況と増え続ける関連文献を踏まえ、新しい本を出すには、良いタイミングになったのではないだろうか。

私自身、2009年以降も、多くの紛争の影響を受けた国々への支援事業やODA評価に関わり、その中でもアフリカ南西部に位置するアンゴラは最も深く関わった国の1つである。もともとは、日本であまり知られていないアンゴラの紛争と復興開発について、新書という形でできるだけ読みやすい本にする予定であった。しかし、書き進めるうちに、アンゴラだけではなく、カンボジアや東ティモール、ルワンダといった他の紛争後の復興開発の事例と比較した、より広いテーマを扱う書物になった。いろいろな関連議論を紹介したり、類似する事例を比較検討する作業に入れ込んでいるうちに、大学・大学院のテキストや参考図書としても使える一般書として出版することになった。また、テキストとして使う際の便宜を考慮して、各章末に関連するコラムを追加した。もともとは新書という読みやすい本を意図したこともあって、本書の執筆にあたってはできるだけ現場の様子をわかりやすく伝える努力も行った。現場で（筆者自身が）撮影した写真が少なからず挿入されているのもそのためである。読者の方々には気楽に読んで頂いて、本書が、紛争後の復興開発についての理解を深め、またそこにあるさまざまな課題や、我々がこうした課題に取りくむ意義や限界について、いろいろと思いを巡らせて頂く材料になれば、著者としては大きな喜びである。

最後に、気長に私の原稿が出来上がるのを待ち、こうした単行本の形での出版を進めて下さった創成社と出版部の西田徹氏には、心からの感謝を申し上げたい。

２０１４年３月

稲田十一

目次

第4章　急増する中国の支援……135

序章　「紛争後の復興開発」支援の意義を考える

1　紛争後の復興開発支援にどういう意義があるのか？

開発途上地域には、内戦など紛争をかかえた国が多い。サハラ砂漠以南のアフリカにとりわけ多くみられるが、日本に近いアジアの国々でも紛争要因を抱えた国は少なくない。紛争後の新たな国づくりの典型的な事例として取り上げられることの多いカンボジアや東ティモールはもちろんのこと、日本のODAの主たる供与対象国で日本が最大援助国であったフィリピンやインドネシアやスリランカはいずれも、これまで国内の一部の地域（それぞれミンダナオ、アチェやマルク、北部のタミル人地域）でそうした紛争を抱えた国々であった。日本政府は、かつては、こうした国内の紛争の問題は、相手国の内政の問題であるとして目をつむってきたが、近年、開発と紛争とは密接に関連しているという現実を踏まえ、紛争予防につながる形で開発援助に取りくむことの重要性が指摘されてきた。

また、世界のさまざまな地域で日本が紛争後の復興支援に取りくむ事例も数多い。カンボジアや東ティモールといったアジアの紛争後の国々や、アフガニスタンやイラクといったマスメディアで日々取り上げられる国々はもとより、本書で焦点をあてるアンゴラのような、普段あまり人々の話題にのぼらない国々でも、日本はさまざまな形で復興支援に取りくんでいる。

　こうした平和構築・復興支援への日本の貢献は、日本が国際社会のためになしうる重要な国際貢献の1つとして、日本政府（外務省）はその意義を強調し、また、日本国民の間でも、日本の経済不況と財政難の中でODAに対する支持が低下する中にあっても、国民の支持が相対的には得られている分野である。

　しかしながら、こうした平和構築・復興支援はその国の安定と人々の生活の改善というその目的を達成しているのであろうか。その成果はどのように検証されているのであろうか。そもそも政治的安定、治安の回復、生活の改善・向上という政治・安全保障・経済開発すべての側面にわたる「国づくり」という大きな課題に対して援助することに、どのような意義があるのだろうか。

　筆者はこれまで、こうした紛争後の復興支援に関連するいくつかの調査に関わる機会を得ることができた。カンボジアには、1991年のパリ和平協定締結以来たびたび調査で訪問しており、過去20年間のカンボジアの急速な変化を実感してきた。東ティモールには、2002年の独立直後の夏に現地調査を行ったが、2008年以来、数回にわたって外務省の調査などで、東ティモールが今日直面する課題を調査する機会があり、近年は、大学の「海外特別研修」という授業の一環として、学生を引率して何度か訪問している。2004年夏にはアフガニスタン調査を実施し、2002年以来の日本のアフガン支援の成果と課題をとりまとめる作業に関わった。後述するように、2008年から2010年にかけて、復興過程にはいったアフリカのアンゴラでの案件発掘調査および地雷除去活動に関連して、合計4回にわたって詳細な現地調査をする機会も持ち、アンゴラの津々浦々を訪問することができた。また、ルワンダには2013年の3月に、公共財政管理と援助協調の現状の調査のために訪問する機会を得た。

それぞれの現地での見聞や経験は貴重で大切な思い出でもあるが、考えるべき大事な論点の1つは、こうした国々は紛争が収まった後、新たな国づくりはうまくいっているのだろうか、という点である。また、何をもって「うまくいっている」といえるのだろうか。また、そもそも日本をはじめ海外からの援助・支援はその国の道筋にどの程度の影響を与えているのだろうか。

一言で結論めいた印象を言えば、紛争後の復興過程や新たな国づくりのその後の道筋は、この5つの国々をとっただけでもそれぞれに異なり、国際社会の支援の効果と影響も国によってまったく異なる。

カンボジアの過去20数年間の復興・発展ぶりは顕著であり、人々の生活の改善向上は明らかである。観光業や縫製業が発展し、急激な人口増加にもかかわらず食糧は自給できている。他方、フン・セン首相が相変わらず権力を維持し、むしろその政治的基盤は強化され権威主義的にさえなっているとの国際社会の批判もある。最大支援国である日本はそうした形での国づくりを受け入れ、近年、日本にかわってカンボジアに対する最大支援国になったとされる中国は、さらに明瞭に、内政には干渉せずその経済開発を支援している。ただし、外国からの経済支援は、日本の援助も含めて、経済インフラの向上等への貢献を通じた経済発展の下支えの効果はあるが、直接的な要因とまではいえない。カンボジアの着実な経済発展の要因は、農業生産の安定的な伸び、縫製業の拡大、アンコール・ワットに代表される観光業の伸びなどが寄与しているものとされる。

東ティモールでは、日本の支援は地道ではあるが、国連・世銀やオーストラリア・ポルトガルといった国々の支援がこの国の新たな国づくりの方向性を支えてきた。2002年の独立後の10年間に、東ティモール人による独立自治の民主的制度づくりは確かに進んだが、人々の農業を基盤とした生活の状況はインドネシア統治時代から必ずしも大きく改善したとはいえない面もある。1999年以来の国際社会の支援が、人口の少ないこの国（約100万人）には大きな金額であったことと、近年、石油・ガス田からの収入が増え始めたことが、国家財政にゆとりを持たせているが、この国の産業構造には今のところほとんど何の変化もない。

ルワンダは、1994年に大虐殺があったのち、国際社会の支援を受けながら、新たな国づくりを進めてきた。国家予算の半分程度を国際社会からの支援に頼る構造が続いてきたが、そのため、欧米諸国や世銀などの国際機関の助言に忠実に従い、ガバナンス改革の成功例と言われてきた。もちろん、カガメ大統領の強力なリーダーシップがあってのことであるが、近年では、その強権的な政治姿勢に対する批判もだされ、周辺諸国（特にコンゴ民主共和国）のツチ族の武装勢力との関係について、国際社会からは疑念も持たれている。

アンゴラは別の意味できわめて興味深い事例である。アンゴラはアフリカ南西部にある旧ポルトガル領であるが、1975年に独立したのち長い内戦があり、2002年にようやく安定と平和が訪れた。アフリカの長い内戦を経た国と聞くと、多くの人は荒れた国土と飢えた人々を思い浮かべるかもしれないが、現実のアンゴラは肥沃な大地を持つ緑豊かな国であり、石油が出るために、近年急速な経済成長を達成している。この国に対する国際支援の最大の特徴は、圧倒的な規模の中国の支援であり、2002年以来現在までの支援総額は140億ドルをこえると言われる（日本の約100倍）。その支援がこの国のインフラをはじめとする経済復興に与えるインパクトは大きく、中国の経済的な意味での貢献は何人も否定しようがない。他方で、石油収入等の富が一部の人々に偏り、貧富の格差が大きく、腐敗・汚職の構造を温存しており、中国はこうした「内政」には不干渉の立場をとっている。

本書では事例として取り上げなかったが、アフガニスタンに対する2002年以降の国際社会の支援は、軍事的にも経済的にも膨大である。日本もこの10年間に20億ドルを超える支援を行ってきたが、米国が投下した資金はその10倍以上であろう。しかし、近年、タリバン勢力が勢いを盛り返し、治安が悪化し、政治的に安定したとは到底いえないだけでなく、人々の生活もまだまだ改善が必要である。実際のところ、仮にこの国が政治的に安定したとしても、中央アジアの山岳地域ないし乾燥地帯に位置するこの内陸国は、競争力のある独自の産業を持ちにくく、経済的な自活の方向がなかなか見えない。過去100年以上にわたるイギリスやソ連などの海外勢力の関与は、結局この国のあり方を大きく変えることはなかったし、2002年以降の米国を中心とする国際社会の新たな関与も、この国の奥深い「歴史の罠」に取り込まれてしまっているかのようである。

2　支援の意義と限界

いずれの国でも国際社会は「平和構築」や「復興支援」の名のもとにその国の新たな国づくりの過程に関与してきたが、各国の状況や国づくりのプロセスはそれぞれその国独自のものである。国際的な関与や支援は、大局的なレベルでは、それぞれの地域で過去何世紀にもわたって繰り返されてきた栄枯盛衰や、さまざまな勢力の間の富や権力を求める争いの歴史を、本質的なところで転換させるものではなく、その国の長い歴史の一コマにすぎないようにみえる。援助とはしょせん、その国のごく一部の人々の生活の改善に役立つかもしれない公共事業であって、国のあり方そのものを大きく左右するものではないといえるかもしれない。

他方、そのインパクトは限定的であっても公益を目的とした公共事業であるならば、その事業が効率的に実施されているかどうかという視点は、ミクロな視点ではあるが重要な評価基準である。多くの援助機関が事業ごとにそうした評価を実施し、その評価手法・基準はますます厳密なものになってきているが、それは当然である。ただし、援助事業を効果的に実施することはいわば当然のことであって、それがなければ援助事業への国民の支持はそもそも得られないが、それが効率的に実施されたからといってその援助が持つ大局的な意義を説明することには必ずしもならない。

いくつかの大学・大学院で一般の学生や社会人を相手に「国際協力」や「復興支援」「平和構築」について講義していると常に感じることであるが、日本国民一般の援助に対する意識は、日本経済の停滞や不況の影響で「冷めている」といわれるが、むしろある意味でとても「覚めている」面がある。「先進国の責務」とか「平和構築」とか、さらに近年では「保護する責任」（第5章末のコラム⑤参照）などといった、さまざまな援助の外交的理念や欧米的理念が打ち出されてきたが、援助によって相手国や国際社会のあり方を良い方に変えるといった積極的な社会工学的理念は、日本が多額のＯＤＡを供与する理念として、日本国民の間では必ずしも納得されてはこなかった面があるのではないだろうか。

開発途上地域の各国の「国づくり」のあり方を考えることは、社会科学的にはとてもチャレンジングなテーマであり興味はつきないが、援助や介入がそうした「国づくり」の方向自体を大きく左右すると考えるのは、当局者・援助関係者・専門家が陥りやすい「自己のやっていることへの正当化」や「願望・意気込み」に過ぎない可能性も高い。「平和の構築」「貧困の撲滅」などという究極の目的は、はるか遠くにあるものであって、援助事業は目先の困難に部分的に対処するもので、一所懸命になって実施してはいても、結局のところ「お釈迦様の手のひら」の上をはい回っているようなものであるのかもしれない。

しかし、近年の経済停滞で世界における日本の相対的な経済的プレゼンスは低下し、日本のODA額も今や米・英・仏・独に次いで世界で5番目まで順位を落としたといっても、依然として世界のODAの約10%（ピーク時には約30%）、世界のGDPの約8%（ピーク時には約16%）を占める経済大国である日本が、紛争後の復興支援や平和構築で果たす役割は、金額的には決して小さくない。「日本」という場合、日本政府ばかりでなく、NGOや個人レベルでの役割もある。国内経済の低迷と財政難の中、日本が紛争後の復興支援や平和構築のために巨額の資金を提供・支援することに対し、近年は次第に冷淡な議論が国内では強まってきたようにみられないわけではない。だからこそ、もう一度、なぜ日本（人）が、他の国・地域の内政や紛争・復興支援にそれほどまでに関与しようとするのか、あるいは関与することを求められているのかを、今一度考えてみることも必要であろう。

国際社会の他国民の被災や紛争被害が、日本にとって無縁ではなく、広い意味では日本の安全保障にもつながるから、日本の国益のためにも関与すべきだということで納得する人々もいよう。他方、本来は日本にとって無縁な出来事であるが、国際社会の中で困窮している人々のためにあるいは平和のために、みずからを犠牲にしコストを支払うことそのものが国際社会の一員としてなすべき普遍的責務だと考えて、それを支持する人々もいるかもしれない。同じ日本の国際的関与への支持であっても、その意味合いは異なる。現実には、両者の混合であるといえるかもしれない。

確かに、日本、ひいては我々個人個人が安心して暮らせるようにするためには、国際社会全体で紛争が予防ないし抑止され、困窮する人々の生活が保障されるような国際社会にならねばならないという考えは成り立ちうる（これを「総合安全保障」や「人間の安全保障」という考え方でとらえることもなされてきた）。それは、国際社会全体にとって共通の利益でもあり、そのために国際社会の成員がそれぞれに努力し支援をすることは、全体のためでもあり、また自分のためでもある。平和構築や復興支援は、そうした国際公益、あるいは人間の安全保障実現のための典型的な活動であると言うことができ、こうした理念に心を動かされ活動している人々も、近年では少なくない。

一方で、援助は金額が多ければよいというものではないし、支援活動は相手が限られた人々であっても役に立ち感謝されれば意味もあり、またそれを行う人の側にもそれなりに達成感はある。高邁な理念は別としても、人々の役に立つ援助を地道に行うことが大切であり意義がある、といった援助のとらえ方をしている人々も少なからずいる。むしろ、そうしたとらえ方が一般の日本人の普通の感覚であるかもしれない。

3　なぜアンゴラか──内戦・資源・国家統合・中国・地雷

本書では、紛争後の国の復興・開発の事例として、近年、最も数多く訪問し、現地調査にあたって苦労した、アフリカのアンゴラに焦点をあてることにする。

アンゴラは、多くの日本人にはあまりなじみがないが、アフリカの南西部にある旧ポルトガル領であり、１９７５年に独立した国である。石油やダイヤモンドなどの天然資源に恵まれるが、（第２章で）後述するように、ある意味ではそれがゆえに、１９７５年の独立後、２００２年まで断続的に27年にわたって内戦が続いた。長い内戦を経たのち２００２年に停戦合意に係る覚書が署名され、独立以来27年にわたる内戦が事実上終結した。現在は国家再建のプロセスが進行し、２００２年以降の10年間をみると年平均15％以上の高い経済成長率を実現し、これはアフリカ大陸のみならず世界で最も高い経済成長率である。

アンゴラの人口は、２００２年時点で約１３００万人と言われ、その後の平和時の人口増加で、今日では１９００万人を越えたと考えられている。最近は原油収入の影響により、高い経済成長率を維持しマクロ経済も良好であるものの、他方で、依然として内戦時のインフラ破壊や残存地雷による被害等の影響が、今後の経済成長や貧困削減の障壁となっている。アンゴラで長い内戦の間に埋設された地雷の数は、アフガニスタンに続いてイラクやカンボジアとともに世界３－４位を争っており、埋設された地雷の数は６００－１０００万個と推定されている。

本書は、その2002年以降のアンゴラの紛争後復興過程に焦点をあてて検討・分析しその現状を紹介するものであるが、筆者が2008年から2010年にかけて合計4度にわたって実施した現地調査の際に得られた情報に負うところが大きい(1)。約2年間の間、旧JBIC(国際協力銀行)およびJICA(国際協力機構、2008年10月に統合)の業務で、紛争後の復興支援という切り口で、アンゴラ全土を調査する機会を得ることができた。2008年から2009年にかけてのアンゴラ調査は、紛争後のアンゴラの復興支援のため、日本が支援しうる有望な分野や案件を発掘するための予備調査であり、電力、給水、交通運輸、農業等の分野を中心に、首都ルワンダだけでなく地方のウアンボやクイト(ビエ州)なども訪問して調査した。また、2010年の調査は、JICAの地雷除去支援事業に関わる調査であり、同国の地雷とその除去に関わる現状と課題について、アンゴラ各地を回って詳細な調査をすることができた。

アンゴラはさまざまな意味で、紛争後の社会が共通に抱える課題を典型的に有しており、紛争後復興支援に関してアンゴラの事例からえられる教訓も少なくない。また、アンゴラは、地理的な遠さもあるが、長年の内戦もあって、訪れた日本人の数も少なく、外務省資料によれば、2011年時点での在留法人の数はわずか55人であった。多くの地雷が残存し治安状況も必ずしも良いとはいえない。また、アンゴラは、後述するように、石油収入に依存する経済であるため為替レートがきわめて高く評価されており、物価が世界有数のレベルで高く、こうした公的業務以外での調査研究は費用が高くついてきわめて難しいこともあって、現地事情を紹介したまとまった文献も限られているのが現状である。せっかく、頻繁に現地調査を実施する機会を得ることができたのであるから、こうしたアンゴラの内戦終了後の復興開発とその支援の状況を紹介することはきわめて有意義であり、また私の責務ではないかと思った次第である。

アンゴラは、よかれ悪しかれ、紛争と開発の問題を考える上での主要テーマの宝庫である。27年にも及ぶ長い内戦がなぜ続いたのか、石油やダイヤモンドなどの豊富な資源の存在が紛争や経済にどのような影響を与えているのか、多様な民族・部族がいる中でどのように国家としての統合を保ってきたのか、過去10年の中国の圧倒的な経済的プレゼンスは経済復興・開発にどの程度貢献しているのか、残存する多数の地雷にどう対処しているのか、といった紛争後（ポスト・コンフリクト）国に特有の課題をアンゴラは最も先鋭的な形で有しており、そこからいろいろな教訓を得ることができるはずである。

従って、本書では、主としてアンゴラの事例を取り上げるが、紛争後復興支援に共通の課題や教訓について、他のいくつかの紛争後復興支援の事例、特にアジアの紛争後支援の典型的事例であるカンボジアや東ティモール、あるいは同じアフリカの紛争経験国として有名ではあるが、アンゴラとはかなり異なった状況にあるルワンダを取り上げながら、可能な限り横断的な比較の観点を取り入れながら検討・分析することにしたい。

図序－1　本書で取り上げる国々

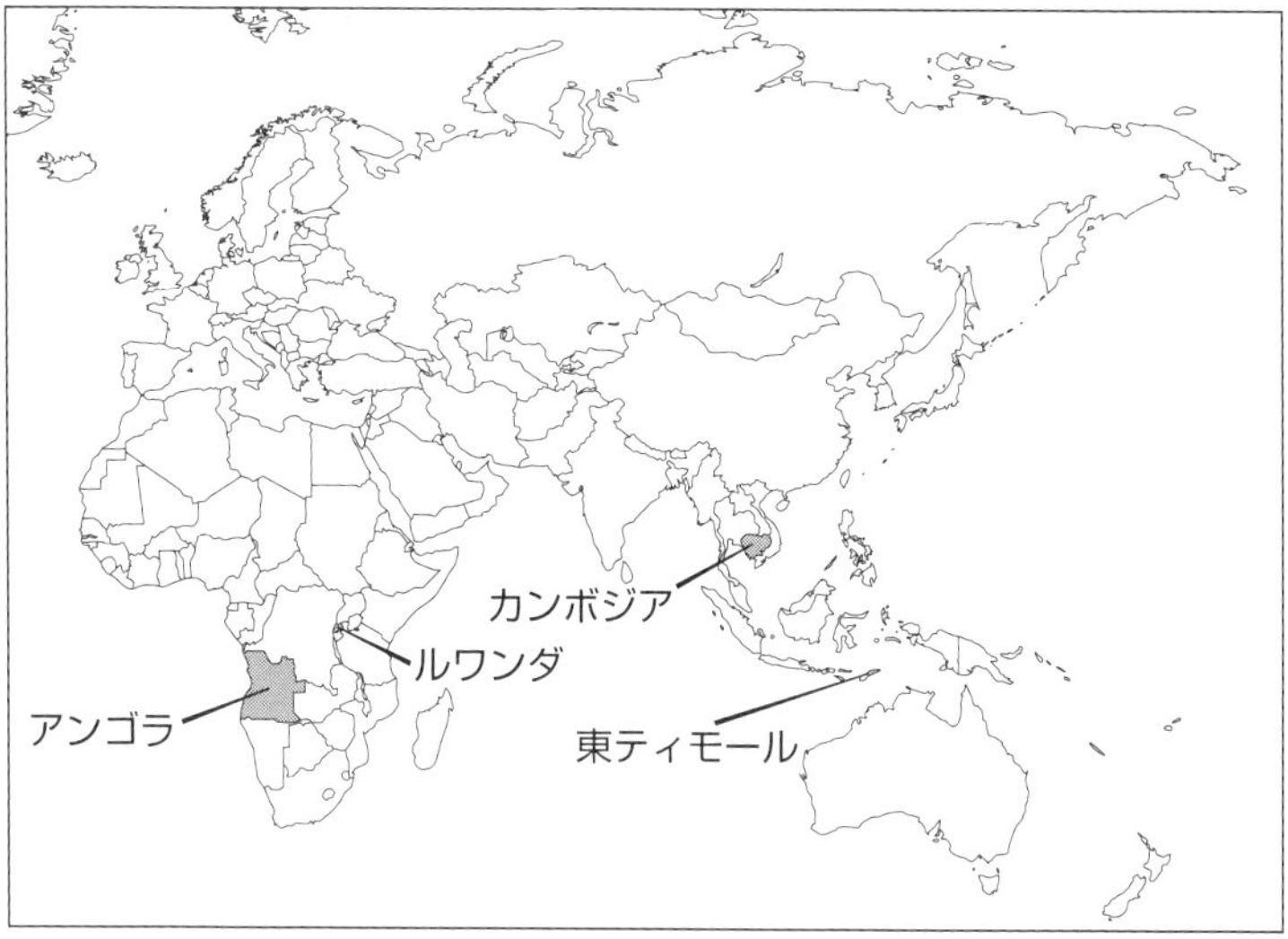

もちろん、アンゴラ、ルワンダはアフリカ、カンボジア、東ティモールは東南アジアにあり、地理的な位置や自然環境、歴史や文化などは大きく違う。そうした置かれた条件を異にする紛争の影響を受けた国々が、いずれも長い内戦を経験し、また近年、着実に復興開発してきている状況を比較することは、内戦の要因やその後の復興開発支援のあり方を考える上で、きわめて有意義で興味深いと思われる。

図序－2　アンゴラ地図

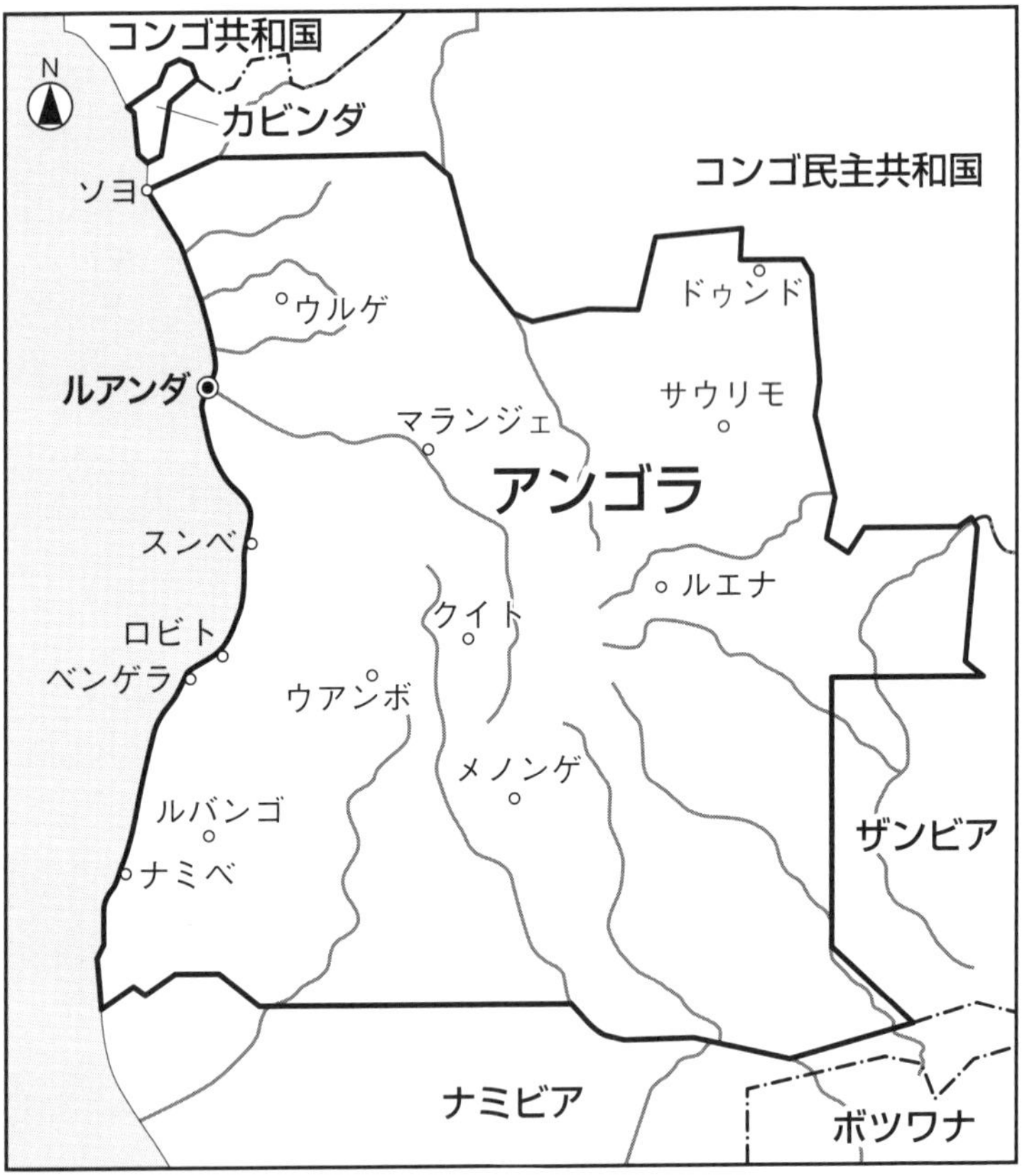

出所：http://www.worldatlas.com/ を元に主要都市名を和訳。

第1章　内戦と国際介入・戦後復興

第1節　内戦は経済にどのような影響を与えるか？

紛争後の復興支援や平和構築は、今日の国際社会にとっての大きな課題であり、アフガニスタンやイラクの戦争で破壊された国々の社会や経済の復興は、マスメディアでも頻繁に取り上げられるトピックである。国際関係に関心のある人ならば、アフリカのダルフール紛争や、2002年に独立した東ティモールへの国連の関与、あるいはスリランカ北東部に存在したタミル人の独立運動が政府軍によって制圧されたこと、最近ではリビアでの内戦を経た政権交代やシリアで激しさを増す内戦など、いろいろな地域・国の状況を見聞きしたり勉強したりする機会もあるに違いない。

そうした紛争後の国づくりの数多くの事例がある中で、横断的な重要テーマの1つが、「紛争」と「開発」の関係である。紛争は経済を破壊することが多いが、紛争が収まっている状況下でも、紛争要因は存在する。開発は人々の生活を向上させるための不断の取組みであって、そうした紛争要因を抱えた地域で開発がどのように行われてきているのだろうか。後述するように、アンゴラで長い内戦がようやく終結し、復興開発に向けて進み始めたのは、実質的には2002年以降である。それ以来、復興プロセスはまだ10年そこそこしかたっていないが、その復興プロセスは驚くべき速さである。こうしたアンゴラの内戦とその後の復興開発の経験は、我々に多くのことを語ってくれるはずである。

以下で、アンゴラの状況を検討する前に、国際社会の紛争と紛争後の国づくりや復興開発支援の状況と課題について、みておくことにしよう。

1−1 冷戦後の「紛争」と開発援助

近年における国際的な議論の焦点の1つとなっている紛争と紛争後の復興開発の問題を理解するには、まず冷戦後の国際状況の変化を知っておく必要がある。

1990年前後の冷戦の終焉は、米ソ関係のみならず、発展途上地域にも大きなインパクトを与えた。第二次世界大戦後の冷戦時代には、米ソ対立こそがアジアやアフリカで生じた内戦の元凶（米ソ代理戦争）だといわれたが、米ソ冷戦の枠組みの崩壊にともなって、世界は平和になるどころか、世界各地で民族・宗教等に根ざした内戦や地域紛争が表面化するようになった。いわゆる「破綻国家」や難民の増大、国際テロといった問題が国際社会全体の大きな課題としてあらためて注目されるようになった(2)。

こうした地域紛争の頻発に着目して、古典的な「国家間の戦争」にかわって、民族的・宗教的対立に根ざした紛争が国際紛争の主要な局面となったと指摘されている。また、例えば、メアリー・カルドーのように、「古典的戦争」と冷戦後の「新しい戦争」とを比較対照して、その背景や問題状況を理論的に整理する議論も、近年数多くみられる(3)。そこで議論されていることのポイントの1つは、「古典的戦争」が、「国家vs国家」の戦争であるのに対して、「新しい戦争」は、「国家vs非国家」「非国家vs非国家」といった形態をとることが多くなっているということである。また冷戦後の紛争を、「非対称型」の紛争、もしくは「非政府組織型の戦争」といった言い方もなされている。2001年9月11日の米国における同時多発テロは、こうした冷戦後における紛争の形態の変化を象徴する事件であったともいえる。

実際、多くの調査研究のデータによれば、1990年代以降に発生した紛争の大半は、国家間ではなく国家内部で発生しているか、あるいは内戦が国境を超えて拡大したケースである。一例をあげると、紛争研究で有名なスウェーデンのウプサラ大学の紛争データ・プロジェクトをみてみよう。筆者は2002年夏にウプサラ大学の紛争予防センターを訪問する機会があったが、ストックホルムから北に電車ないし車で2時間ほど行ったところの、森と田園に囲まれたとても良いところにある。

この調査データは、平和研究で有名なストックホルム国際平和研究所（SIPRI）のデータとしても利用されており、多くの研究者が、紛争に関するデータを探すとき、必ずといってよいほど引用するデータである。その理由は、長年にわたって同じ基準で紛争関連の情

図１－１　種類別の紛争の数（1946－2012年）

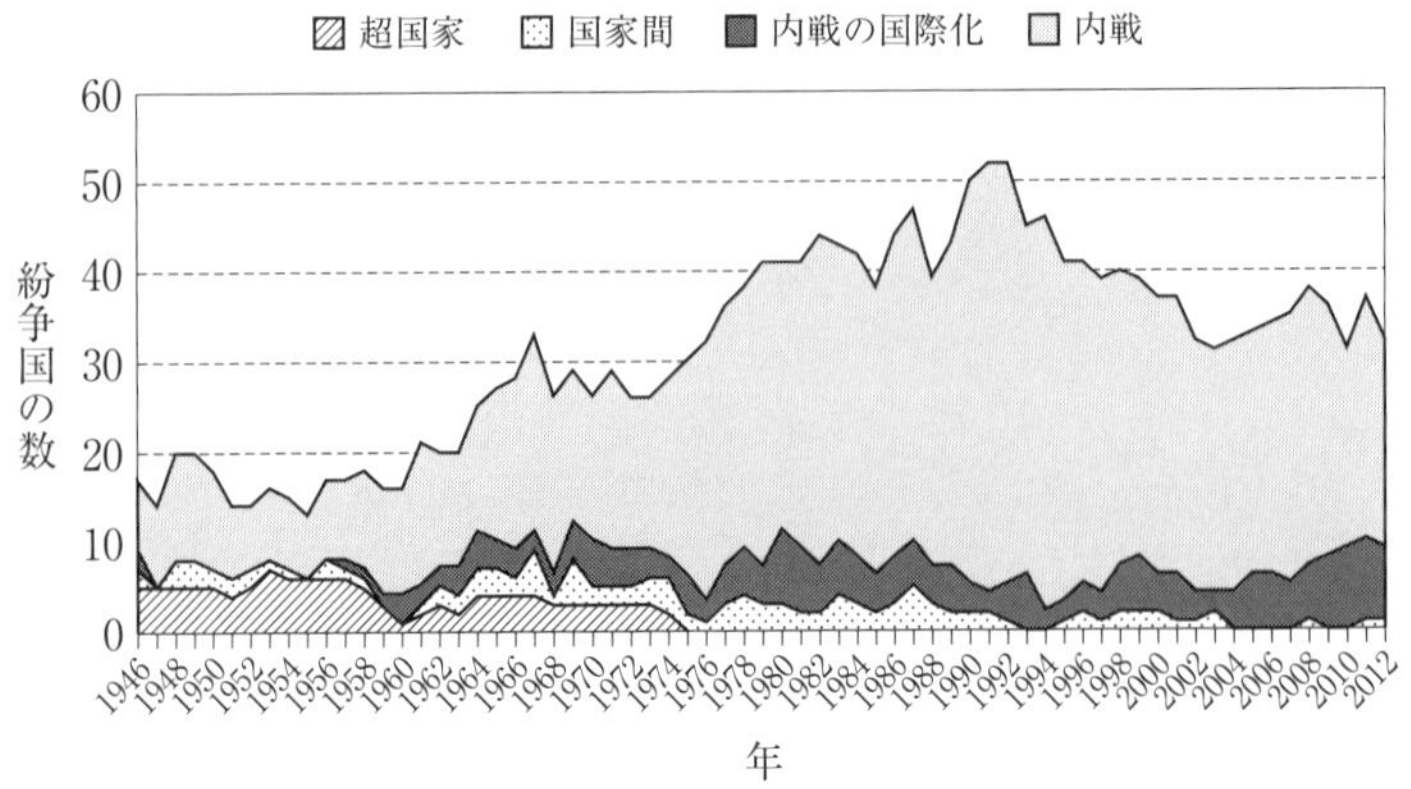

出所：Uppsala Conflict Data Program (2013), *Armed Conflict Dataset.*

報を継続的に地道に整理してきたからである。この紛争データは、国内・国家間を問わず、武力衝突によって年間25人以上の死者を出したものを「紛争（conflict）」として計測して時系列データをとっており、年間１０００人以上の死者が出た場合を「戦争（war）」と呼んでいる。これによれば、１９８９年から２０１２年の間、年間およそ30件から50件の「紛争（戦争を含む）」があったとされているが、この件数は、年間25人の死者であっても（近年のシリアのように）年間５万人以上の死者がでている国であっても「１」とカウントされることに注意する必要がある。図１－１は、紛争の形態別の紛争数とその推移を整理した表である。

　１９８０年代から内戦に陥る国の数が増大し、１９９０年から１９９０年代前半がピークであり、１９９０年代半ば以降、紛争国の数は次第に減少している。この減少の理由については、冷戦構造が崩壊して新しい秩序の再編過程で多くの内戦が生じたのに対し、90年代後半以降はその再編過程が落ち着いてきたことが最大の理由としてあげられるが、国連ＰＫＯ（平和維持活動）や「平和構築支援」の拡大にみられるように、国際社会の対応と介入が組織化・制度化されてきたことの反映であると指摘する論者もいる。また、国際法の研究者の中には、伝統的な「主権国家システム」の強固さを理由にあげる論者もいる。すなわち、ソ連崩壊後の１９９０年代前半には、異なる民族が既存の国家から分裂して新たな民族国家を建設できるとの「幻想」が広まったため、それがゆえに内戦が激化したが、国際社会はそうした既存の国家の枠組みを壊す民族の自決を認めることはなく、そうした国家の分離独立の難しさが国際社会で認識されるにつれ、独立を求める内戦そのものが減少していった、と説明する。

実際、冷戦後の国際社会は、何らかの理由に基づく国内あるいは国境を超える性格を持つ対立が紛争へとエスカレートした事例への対応に追われてきた。そのような紛争は伝統的な国家間の戦争とは発生のメカニズムも異なり、また、政府機構そのものが紛争によって弱体化したり、場合によっては消滅（破綻国家化）したりするなど、復興のプロセスも旧来の戦争の場合とは異なるため、紛争の発生ごとにさまざまな試行錯誤を余儀なくされてきた。

また、紛争を政治・軍事的に解決するだけではなく、人道・経済・社会面でも国際社会の広範な関与が必要であり、そのために必要な人的（組織的）・財政的資源をタイミングよく投入することが重要である。近年における「紛争予防論」や「平和構築論」の議論の高まりは、紛争への国際社会の対応を包括的にとらえて検討するところに特徴がある。それは、特に冷戦後に経験したさまざまな紆余曲折の上に成立したものといえよう。

1—2 紛争と経済開発の因果関係

さて、紛争と開発、あるいは開発・復興支援と紛争予防は密接に関連しているといわれる。また、平和構築や紛争後の復興支援が国際社会にとっての大きな課題となる一方で、こうした課題により根本的に対処するには、紛争そのものを起きないようにすることが大切だとの指摘も多い。しかしながら、紛争と開発がどのように関連するのであろうか。これまでのさまざまな議論を整理し、その因果関係についての論理を整理しておくことにしよう。

内戦は経済を破壊するというのが、一般的に持たれている常識であるように見受けられるが、内戦と経済との関係はそう単純ではない。

確かに、内戦はいくつかの経路を介して、その国の経済成長を阻害することが想定される。内戦にともなって経済成長の鈍化に直接的に影響する要因としては、人的資本の損失（死亡や怪我）、物理的なインフラ（道路、空港、住居施設など）の破壊、そして投資や貿易の減少がありうる。また、内戦の蓋然性が高い、または内戦が継続している場合には、軍事支出は政府予算の大きな割合を占めるようになるため、経済成長に必要な政策に割く予算は減少することになる。そして、内戦によって悪化したその国の公衆衛生環境は、疫病の蔓延や平均寿命の低下などを介して、長期間にわたりその国に内戦の爪痕を残すことになる。

他方、内戦は経済成長にとって短期的には負の影響を与えるとされている一方で、中期的には経済成長を促すとの研究結果も出されている(4)。すなわち、紛争が終わった後には経済再建のためのある種の特需が生まれ、紛争後の国では経済成長率が比較的高いことが指摘されている。例えば、アメリカの国際関係研究者であるフクダ・サキコ・パールは、世界各地の紛争国での紛争前後の経済成長率を統計分析し、内戦終了後に経済成長率が高くなる傾向がみられ、逆に、内戦後ではなく内戦前に経済が停滞している傾向が見て取れるとしている。つまり、内戦の発生国と経済の停滞国との相関関係が示されているが、それは内戦の結果として経済が停滞したというよりは、経済停滞の結果として内戦が生じた可能性もあることを示唆している(5)。

その一方で、低開発（貧困）は紛争原因の1つであるが、貧困ある所に必ず紛争が生じるわけでもない。また、今日の紛争予防論は、「開発などの長期的な取り組みが紛争の発生を予防する」旨を主張する。これまでの巷でよく耳にする援助機関やマスメディアが取り上げる「紛争と開発」に関する議論の中でも、「開発援助は経済発展を促進し、開発途上国の当事者が紛争に訴える可能性を低下させるものである」との、暗黙のコンセンサスを持ってきた面がある。こうした議論や「開発は平和の前提である」といった議論は、ジャーナリスティックな意味で、しばしばマスコミや一般の人々の間でも議論される前提であるが、しかし、これは学問的な意味では必ずしも実証されている命題ではない。

実際、紛争と開発の間に相関関係がみられるとしても、そこにどういう因果関係があるのかは議論の分かれるところであり、より慎重で詳細な検討が必要である。

例えば、経済開発が進めば直ちに暴力的紛争のリスクは低下するのか、あるいはどの位のタイムスパンで生じる現象なのか。ある地域の経済開発のスピードと別の地域の経済開発のスピードが違えば、その両者間の対立感情はより強まるのではないか。全体的な経済開発というよりは、何か特定の経済や富の要因が重要なのではないか、それはどういう要因か。近年のある地域における統計的にみられる傾向は、他の地域でも、あるいはより以前の長い期間に関しても適用可能なものなのか。こうした問題は、さらなる検証を必要としている。

また、研究者の学問分野や専門分野が違うと、「開発」や「紛争」のとらえ方やその定義もばらばらである。GDPの増減を経済開発の目安とする議論もあれば、労働者の生産性の向上、各国経済の相互依存関係（対外依存度）、資本の蓄積、等をみる研究もある。

また一方で、近年、おそらく1970年代以降、貧困や不平等や分配に関する議論が進展し、これらと「経済開発」との関係についても、さまざまな批判的な議論も展開されてきた。それによれば、GNPや生産性の向上にもかかわらず、貧困や不平等は進展してきたという議論が多く見受けられ、経済開発そのものが持つさまざまな否定的側面が指摘されてもいる。さらには、近代化・工業化の進展やグローバル化は、各国間の亀裂や対立をむしろ増大させるものであり、またそれらは、国内的にも富者と貧者の間の格差を拡大し社会的対立を激化させるものであるとの議論まで登場し、見方によってはそうした反グローバリズムの議論は勢いを増しているともみることができる。

したがって、一般的な意味では、経済開発は平和を促進するとは必ずしもいえない。あるいは、開発と紛争予防との間にはネガティブな（マイナスの）つながりもある。

他方、そうした議論への反論として、貧困を削減し、あるいは貧富の格差を低下させることが、紛争の可能性を低下させるとのより詳細な検討もなされている。これらの議論も、慎重な検討が必要であるが、両者の因果関係を暗示する研究がいくつかある。

例えば、世界銀行が２００３年に出した報告書『戦乱下の開発政策』に「一人あたり所得を倍増すると、反乱（内戦）のリスクはほぼ半減する」と書かれているが(6)、この記述は誤解を招きやすい。それは「所得が上がれば内戦が減る」という因果関係を意味しているわけでは必ずしもなく、「所得が高い国で内戦が少なかった（あるいは内戦が多い国は所得が低い）」という統計的な関係を示しているにすぎない。所得レベル（A）と内戦のリスク（B）は逆相関の関係にあるが、その因果関係は、①AがBの原因、②BがAの原因、③AとBが相互に影響、④AもBも第三変数の結果、⑤見せかけの相関、といった、さまざまな可能性があることを忘れるべきではない。つまり、統計的な分析は、「資源の豊かなアフリカの多くの国で内戦が多く発生し開発が進んでいないこと」を示しているだけであり、その根本原因として、植民地支配の負の遺産、不自然な国境線が引かれたこと、家産制的な国家のあり方、等が働いているのかもしれないといった想像力を働かせることも重要である。

また、世銀（ポール・コリアーがとりまとめ）の最近の多変量解析（重回帰分析）に基づく統計的な研究によれば、①平均収入が低いこと、②低成長、③一次産品（石油やダイヤモンド等）の輸出への依存度の高さ、が内戦の発生につながる係数が高いとされている(7)。つまり、貧困は紛争との関係が強いものの、加えて、経済が停滞している場合、資源がある国で、紛争の発生の頻度が高いと整理している。こうした統計的手法には、数値化できる要因（説明変数）しか検討の対象にできないという制約があるが、コリアーはもともとアフリカ研究者であるものの、その後も統計的手法で紛争の発生を説明するさまざまな要因を取り上げており、その成果の一部は『民主主義がアフリカ経済を殺す』という本でまとめられている。多くの興味深い検討をしているが、その中でも最も興味深い指摘の1つは、民主化はアフリカの経済発展にはむしろマイナスの影響を与えているということである(8)。ただし、民主化と経済発展の関係については、紛争と開発の関係についての議論に劣らず膨大な関連研究・議論があるので、ここでは深入りすることは避けておく。

紛争と開発の関係についての議論を包括的に整理した近年の文献としては、例えばギンティとウィリアムによる『紛争と開発』があり、これは関連議論を包括的かつ概説的に整理したものであり、議論の全体像をつかむのには適切な文献といえる(9)。2012年に、きわめてよい和訳本（阿曽村訳）が出版されたので、関心のある方はさっとでも目を通してみると有益である(10)。他方、チルギヤルンドらによる『安全保障と開発』は、具体的な分野・要因や具体的な国・地域に焦点をあてた事例研究を集めた論文集である(11)。

以下では、こうした多くの国の事例を取り上げるのではなく、アンゴラの事例を取り上げて、また、アンゴラと同じく典型的な紛争後の国であるカンボジアの事例と比較しながら、そこから何らかの知見や教訓を導き出すことをめざすことにしたい。

第2節　アンゴラの内戦と経済破綻

日本では、以前はアフリカの内戦に関心を持つ人は必ずしも多くなく、またアフリカ南西部にある旧ポルトガル領だったアンゴラは、ニュースとしても取り上げられることもほとんどなかった。そのため、アンゴラで1975年の独立から2002年まで実に27年間にわたって内戦が継続されたことは、あまり知られていない。なぜ、これほどまでに長期にわたり内戦が続いたのであろうか。そもそも、それほど長期にわたって戦争を継続することが可能なのだろうか、という素朴な疑問がわくに違いない。

こうした疑問に答えるため、まず、アンゴラの内戦の歴史的経緯について整理しておくことにしよう。

2―1　アンゴラの内戦の経緯

アンゴラは1975年までポルトガル領であった。アフリカ大陸には、西側にアンゴラ、東側にモザンビークという、2つの大きなポルトガルの旧植民地があるが、これらの国がポルトガルの植民地になったのは、ヨーロッパ諸国の中でいち早く世界に進出した国がポルトガルとスペインであったという歴史に由来する。ポルトガル人のバスコ・ダ・ガマはヨーロッパ人としてはじめて喜望峰に到達し、アフリカ大陸南部を回ってインド洋からアジアに航海することに成功したが、その際に立ち寄った国で植民地化されたのがアンゴラやモザンビークであった。南部アフリカの両国は、その後イギリスやフランスによるアフリカ大陸の進出が進む中でも、ポルトガルの植民地として確保された。

第二次世界大戦が終結し、脱植民地化時代に入るとアフリカ諸国のヨーロッパ諸国からの独立の波がアンゴラにも押し寄せた。アンゴラの宗主国であるポルトガルの当時のアントニオ・サラザール政権は、植民地支配に対する国際社会の非難を避けるため、アンゴラは形式上本国ポルトガルと同等の立場であるとし、投資やポルトガル人の入植を奨励した。

実際、ポルトガルは植民地時代にアンゴラにおいてさまざまなインフラの建設をしている。内陸の中心都市ウアンボは、植民地時代にはニューリスボンと呼ばれ、周辺では少なからぬ数のポルトガル人が農園主となっており、海岸の港街ベンゲラからウアンボをへて内陸まで鉄道が引かれ（いわゆるベンゲラ鉄道）、それは内陸で産出される資源の主要な搬送手段でもあった。また、アンゴラ全土に道路網を整備し、無線の通信網さえも整備された。２００９年にウアンボを訪れた際、ガソリンスタンドの壁に描かれた植民地時代の地図は、きわめて興味深いものであった。そこには、アンゴラ各地の人々の姿と動物の絵とともに、アンゴラの奥地に至るまで全土にわたって作られていったそうした道路・鉄道網が描かれており、独立後の長い内戦によって破壊される前のアンゴラの様子を彷彿とさせるものであった。

しかし、こうした「同等」という形式上の地位と事実上の「搾取」の植民地政策の矛盾は隠せるものではなく、アンゴラでは１９６１年に、アンゴラ解放人民運動（MPLA：Movimento Popular de Libertação de Angola）が首都ルアンダの刑務所を襲撃し、アンゴラ独立に向けた戦いが始まった。１９６０年代を通じてＭＰＬＡによる支配地域の拡大は続いたが、独立派とポルトガル軍との戦闘が継続する中で、１９７４年にポルトガル本国でいわゆる「カーネーション革命」が起こり、保守政権が崩壊し急速な民主化が進展した。この革命によって、ポルトガル政府はすべての植民地を放棄することになり、それを受けて、ＭＰＬＡは１９７５年にアンゴラ人民共和国の独立を宣言した。

しかし、その直後から、アンゴラは内戦に突入していく。その背景としては、いくつかの要因が考えられる。まず第一に、この独立がポルトガル本国の政変によって突然にもたらされたものであり、独立の受け皿となる体制が準備されていたわけではなかったことである。また、アンゴラは石油やダイヤモンドなど資源だけでなく農耕にも恵まれた豊かな地域であり、また、米ソが対立する冷戦の国際状況の中で、南アフリカや米国・フランス・ソ連など、この国への影響力をめぐって数多くの外国からの介入がなされたことがあげられよう(12)。

独立運動を戦ってきたMPLAに主導権を握られるのを嫌ったアンゴラ国民解放戦線(FNLA：Frente Nacional de Libertação de Angola)およびアンゴラ全面独立民族同盟(UNITA：União Nacional para Independência Total de Angola)連合が、ウアンボでアンゴラ人民民主共和国の独立を宣言し、独立直後から、キューバとソ連が支援するMPLAと、南アフリカ共和国とアメリカ合衆国が支援するUNITA、ザイールとフランスが支援するFNLA連合の間で内戦状態に陥った。このうち、キューバと南アフリカは派兵による直接介入をしている。キューバ軍の支援を受けたMPLAは首都ルアンダの防衛に成功し政権を掌握したが、1975年の時点で50万人を数えたポルトガル系アンゴラ人の入植者の大規模な引き上げや、戦争によるインフラ・農地の荒廃によってアンゴラの経済は大混乱に陥った。

1979年9月、MPLAの初代ネト議長が死去し、第2代議長にジョゼ・エドゥアルド・ドス・サントスが就任し、ソ連やキューバなど社会主義陣営との結びつきを強め、MPLAによる社会主義建設のために一党制が敷かれた。しかし、この間もUNITAおよびＦＮＬＡとの内戦が続き、多くの人命が失われ、経済は疲弊した。アンゴラ内戦は、政府・反政府勢力がそれぞれ米ソの後援と、それぞれの勢力の代理人であった南アフリカ共和国とキューバの直接介入を受けていたことから、東西冷戦の代理戦争といわれている。

ちなみにキューバはアンゴラ内戦時に最大で約15万人ともいわれる多くの兵士をアンゴラに送ったが、そこにはアンゴラとキューバのあまり知られていない歴史も絡んでいる。16－19世紀の植民地時代に、アンゴラは奴隷貿易の拠点の１つであり、多くの黒人が内陸から集められ、アメリカ大陸やカリブ海に送られていった。その奴隷輸出港の１つは首都ルアンダの南方近郊にあり、今ではそうした過去の暗い歴史を記憶にとどめておく意味もあって奴隷博物館となっている。そのアンゴラから送られた奴隷の行き先がブラジルなどの南米およびキューバなどの西インド諸島であり、今日のキューバ人はアンゴラの黒人と人種的・民族的につながっている。そのため、キューバのアンゴラ派兵は「血の同盟」とも呼ばれた。内戦が終わった現在でも、キューバはアンゴラに大規模な医療団を地方に派遣するなど、住民の生活支援に熱心である。

ともあれ、ＦＮＬＡは１９８０年代には弱体化し、また南アフリカとキューバも、当時南アフリカ領だったナミビアの独立とキューバ軍のアンゴラ撤退を交換条件に撤退した（１９８８年12月のニューヨーク合意）。外国軍の撤退後、冷戦終結の国際情勢に呼応してＭＰＬＡ政権は１９９０年に社会主義路線を放棄し、翌年には複数政党制の導入を決めた。

米ソおよびポルトガル政府の仲介で1991年5月、MPLAとUNITAがリスボンで和平協定に調印したが、1992年の大統領選挙および議会選挙をめぐる対立から再び内戦に突入（選挙に負けたUNITAのジョナス・サヴィンビ議長が選挙に不正があったとして軍事行動を再開）した。国連の仲介で1994年11月に再度和平が成立したが（ルサカ合意）、1998年に武装解除に抵抗したUNITAの再蜂起により内戦が再燃した。サヴィンビ議長が率いるUNITAは、内陸で産出するダイヤモンドを資金源にアンゴラ政府軍と戦闘を続けたが、2002年2月にサヴィンビは戦死し、4月に休戦協定が結ばれ、27年間の内戦にようやく終止符が打たれた。

2-2 内戦が長く続いた要因

アフリカには、内戦をへた国々が多いが、アンゴラにおいてかくも長期間にわたり内戦が続いたのはなぜであろうか。

東西冷戦下で、アンゴラ内戦は米ソ両大国をはじめとする代理戦争の様相を呈していたとはいえ、内戦が長期間にわたったのは、政府側、反政府側の双方が、内戦を継続するだけの潤沢な資金源を有していたことが大きい。MPLAは海側地域を確保し、沿海の海底油田から産出する石油収入を独占することができた。他方、UNITA側は内陸を拠点にしたが、内陸ではダイヤモンドが産出し、このダイヤモンドの密輸・販売によって、戦闘を継続する資金を得続けることができた(13)。

UNITAのダイヤモンド取引は、国連制裁により禁止されていたが、当時の国連報告書は、西アフリカのトーゴとブルキナファソの大統領が、アンゴラの反政府組織UNITAからダイヤモンドを買い武器と燃料を与えていた、と非難している。また、アントワープのダイヤモンド市場でも、密輸されたダイヤが取引されていたとされ、UNITAはその資金でトーゴのほか、ブルキナファソ、ルワンダ、ガボン、ベルギー、ブルガリア等から武器を購入していたとされる。UNITAは、93年から97年までの間におよそ30億ドルを稼いでいたとみられる。また、国連制裁下でダイヤモンド取引が禁止された98年においても、ダイヤモンド密輸により少なくとも1億5000万ドルの収入を得、この額は98年のUNITAの収入の3分の2に当たると報じられていた。

UNITAの勢力が急激に低下していくのは2000年以降であるが、この時期が、ダイヤモンドの不正取引の取り締まりを強化する国際的取り決めであるいわゆる「キンバリー・プロセス」が作られ、密輸が規制されていった時期と重なることに注意する必要があろう。「キンバリー・プロセス」とは、一般市民を巻き込んだ内戦を終わらせるために国際社会が協力して作り出した違法ダイヤモンドの取引規制システムである。2000年7月、世界ダイヤモンド会議が開催され、紛争ダイヤモンドを防ぐため、ダイヤモンドの輸出入における認証システムを求め、すべての国に対し公式に封印されたダイヤモンドのパッケージのみを受け入れる法の成立を求める決議を行った。２００１年１月、ダイヤモンド産業関係者は、新しい組織ワールド・ダイヤモンド・カウンシルをつくり、すべてのダイヤモンドの出処が紛争と関係のないものであると認証する新しいプロセスが始まり、政府、ダイヤモンド会社、ＮＧＯの交渉の結果、２００２年11月にキンバリー・プロセス認証制度（ＫＰＣＳ）が正式に採択された。

実態としては、紛争地域からダイヤモンドが密輸され国際市場に大量に流れだすことによって、ダイヤモンドの国際価格が暴落することを危惧したデビアスなどの国際ダイヤモンド・ネットワークが一致結束してその流通ネットワークを守ろうとしたことによって成立した面もあることは否定できない。しかし、違法なダイヤモンド取引を規制することによって内戦の要因となっている反政府武装勢力の資金源を断ち切るという効果は、いろいろと抜け道や不備が指摘されながらも、少なくとも部分的にはあったことになる。

また、ＵＮＩＴＡの勢力が弱まったもう1つの大きな要因として、アンゴラの内戦に深く関わってきた地域大国である南アフリカが、そのアパルトヘイトからの決別と民主化によって、アンゴラ内戦への関与を控えるようになったことがあげられる。ＵＮＩＴＡのダイヤモンド取引と事実上深く関わってきた南アフリカの関与の減少は、ＵＮＩＴＡの資金源を狭めるという意味でも影響は大きかったといえる。

イギリスのアフリカ経済専門家であり、世銀エコノミストでもあったポール・コリアー

図1－2　アンゴラの1人あたりGDPの長期的な推移

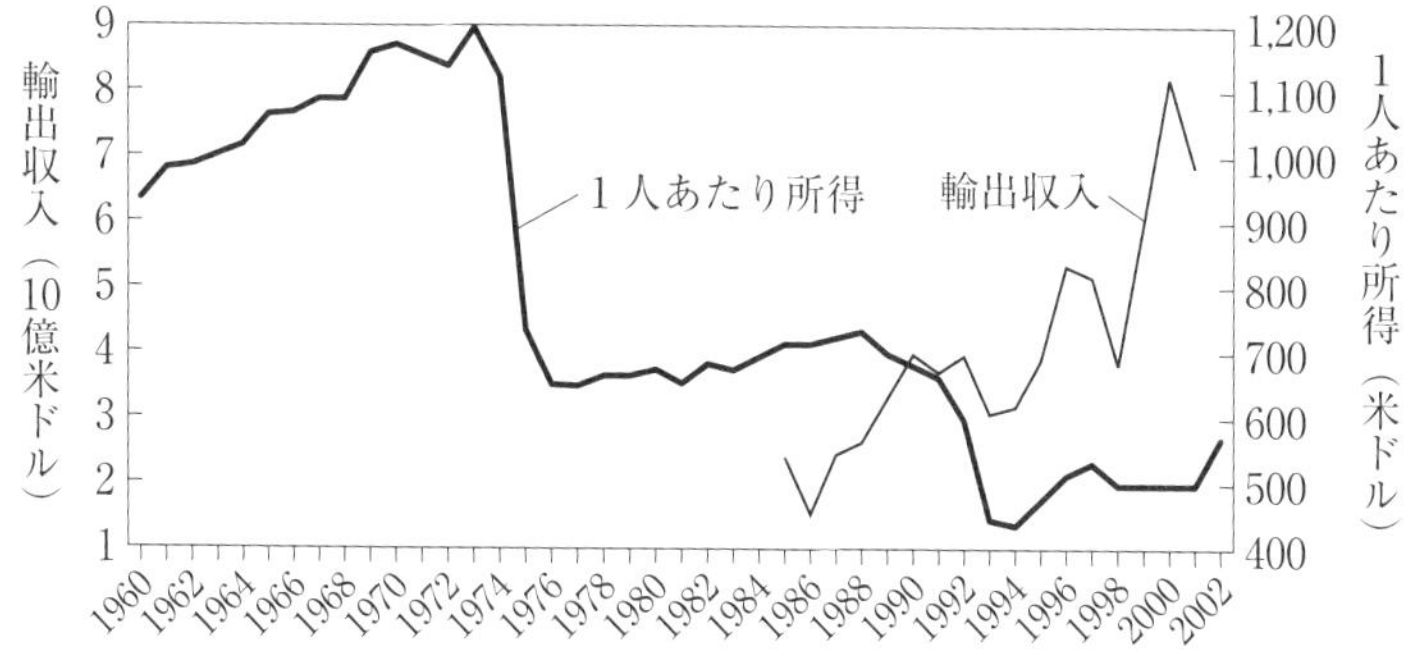

出所：William Easterly (2006), *The Whiteman's Burden*, Oxford University Press, p.288.

が、その著書『最底辺の10億人』の中でも紹介しているように、開発途上地域における紛争の要因として最も説明力の大きいものは、①低所得、②低成長、に加え、③資源のあること、の3つの要因であるとしている[14]。アンゴラは、まさに豊富な資源のゆえに、多くの国の介入を招き、また対立する勢力のいずれもが豊富な資金を背景に長期にわたり内戦を戦うことができたのである。

2－3　アンゴラの経済破綻と復興プロセス

世銀出身の有名なエコノミストであるウィリアム・イースタリーは、その著『傲慢な援助』でアンゴラを取り上げている[15]。図1－2は、その著書の中で取り上げられている、アンゴラの1人あたりGDPの長期的な推移を示した図である。

1975年の独立後、上述のように長い内戦が始まり、その中で所得水準が急激に低下した。皮肉なことに、独立以前のポルトガル植民地下では、ポルトガルからの投資や植民の拡大等により、着実な経済発展を遂げていた。当時、すでに全土に道路網が張りめぐらされ、伝統的な港町であるベンゲラからアンゴラ中部のウアンボ（当時はニュー・リスボンと呼ばれた）を抜け、さらに奥地に向けベンゲラ鉄道が整備されていた。また、主要都市を結ぶ無線電信網も整備されており、ポルトガル人植民により内陸部でさまざまな農産物も生産され、特にコーヒーは最大の輸出製品となっていた。こうしたインフラや農業生産の基盤は、内戦によって破壊されてしまうのである。

１９９１年の和平合意により１９９２年に選挙が実施され、ようやく平和が訪れたかに見えた。選挙そのものは平穏に行われ、選挙の結果、アンゴラ解放人民運動（ＭＰＬＡ）が議席の多数を占めたが、選挙で敗れたアンゴラ全面独立民族同盟（ＵＮＩＴＡ）がその選挙結果を認めず、内戦に再び突入してからは、経済がさらに混乱し国民生活が一段と困窮したことが、このグラフからも見て取れる。内戦が、経済にとっていかに破壊的な影響を与えるかを示す、きわめて明瞭なグラフであると言うことができる。

しかし、ようやく長年の内戦が終わり、アンゴラは復興の時代に入った。２００２年４月に停戦合意に至る覚書が署名され、独立以来27年にわたる内戦が事実上終結し、現在は国家再建のプロセスが進行している。１９９４年のルサカ合意に基づく国民和解と国家再建のプロセスがようやく実施に移され、与党ＭＰＬＡの主導下で政治は比較的安定し、経済復興が

写真１－１　ウアンボ市内の銃弾の残る建物（2008年10月）

進められている。

とはいえ、内戦の後遺症ともいえるインフラの復旧や大量の残存地雷の処理といった課題も残っており、人口の急激な都市流入（特に首都ルアンダへの集中）による都市問題の深刻化や、きわめて大きな貧富の格差がみられるなど、さまざまな問題を抱えている。２００８年９月に16年ぶりの議会選挙が実施され、引き続きＭＰＬＡが与党として政治の主導権を握り、また２０１２年には20年ぶりの大統領選挙と第３回議会選挙が実施され、引き続きドス・サントスが大統領にとどまる体制の下で、経済復興と開発に向けて取り組んでいる。

まだ、地方では内戦の傷跡も数多く残っている。首都ルアンダから約６００キロ南方の内陸にある、ルアンダに次ぐ第二の人口を持つ都市で内戦時にはＵＮＩＴＡ側の拠点であったウアンボは、内戦の過程でＭＰＬＡの攻撃を受け激しい市街戦を経験した。そのため、市内のほとんどすべての建物が銃弾の穴だらけになったといわれ

写真１－２　打ち捨てられた戦車の残骸（クアンザ・スル州，2008 年 10 月）

ている。筆者は、２００８年10月はじめてウアンボを訪れたが、２００２年の内戦終了からすでに６年が経過し、多くの建物の壁は新しく塗り替えられていたとはいえ、まだ銃弾で穴だらけになった建物も少なからず散見された。写真１－１は、そうしたウアンボ市内の建物の１つを撮影したものである。また、首都ルアンダからウアンボにいく道路の途中でも、戦闘で破壊された戦車や装甲車が放置され雨ざらしになっている姿をみることもあった。写真１－２は、そうした打ち捨てられた戦車を、通りすがりに撮影したものである。

２－４　国連の介入とその失敗

アンゴラでは、内戦を終結させる過程において国連が関与しＰＫＯ（平和維持活動）部隊が派遣された時期もあった。ただし、そうした国連の関与は結果として効果を持たなかった。国連の介入はなぜうまくいかなかったのであろうか。以下では、その失敗の要因について考えてみることにするが、その前にアンゴラの内戦を終わらせるための国連の介入の経緯を確認しておくことにしよう。

１９８０年代の末には、冷戦状況の緩和にともない、ソ連やキューバはアンゴラへの関与を弱めることとなり、緊張緩和のため、アンゴラ駐留キューバ軍が撤退することとなった。この撤退を検証するために１９８８年12月20日に安全保障理事会決議６２６が採択され、第１次国連アンゴラ検証団（ＵＮＡＶＥＭ Ｉ）が設立された。

その後、１９９１年に和平協定が結ばれた際には、１９９１年に軍事監視要員を主体とした停戦合意の監視をする第２次国連アンゴラ検証団（ＵＮＡＶＥＭ Ⅱ）が設立され、１９９２年10月には大統領選挙および議会選挙が実施された。この選挙は大きな混乱もなく実施されたが、選挙に敗北したＵＮＩＴＡは選挙に不正があったと主張し、内戦を再開した。結果的に、停戦監視任務のＵＮＡＶＥＭ Ⅱは有効に機能せず、戦闘は激化した。

１９９４年10月にルサカで再び停戦合意がなされた時には、翌１９９５年、第３次国連アンゴラ検証団（ＵＮＡＶＥＭ Ⅲ）が設立され、ＵＮＡＶＥＭは停戦監視任務に復帰した。ＵＮＡＶＥＭ Ⅲは３５０名の軍事監視要員のほか、最大約７０００名の平和維持軍を含む構成となっていた。任務は停戦監視やルサカ合意に基づく、統合政府の設立支援などの国民和解の推進であった。

和平プロセスは特にＵＮＩＴＡ側の非協力により遅延したが、国連の圧力もあり、次第に前進はした。和平プロセスが前進したことにより、さらに国民和解を支援するために、1997年6月30日の国連安全保障理事会決議1118に基づき、UNAVEM Ⅲは国連アンゴラ監視団（MONUA）に改編された。MONUAは国民和解の推進のほか、停戦状況の監視や国家警察の中立性の監視、人権尊重の推進などを任務としていた。和平プロセスの前進により、MONUAはUNAVEM Ⅲより平和維持軍が縮小され、文民スタッフが強化されている。

MONUAの活動にもかかわらず、UNITAの非協力によりこうした和平プロセスも徐々に停滞した。1998年夏にUNITAは攻勢を開始し、アンゴラの治安は再び悪化することとなった。平和維持軍を縮小していたMONUAはこれに武力を持って強制的な対応をすることができなかった。そればかりか、1998年12月と1999年1月の2回にわたり国連の輸送機がUNITAにより撃墜されるという出来事が起こった。これにより国連事務総長はアンゴラにおける平和維持活動の継続を断念し、1999年2月26日の安保理決議1229によりMONUAは撤収した。

最終的に内戦を終わらせたのは、MPLAの軍事的勝利である。MPLAは米国との関係を改善し勢力範囲を拡大する一方で、UNITAは南アフリカの後ろ楯とダイヤモンド収入を失い、軍事的にじり貧になっていき、ついに2002年2月になって、追い詰められたサヴィンビUNITA議長が戦闘中に死亡したのをきっかけに、ようやく和平の機運が高まり、同年4月に政府軍とＵＮＩＴＡ軍の間で停戦合意がなされ、停戦協定が調印された。こうして内戦は事実上終結し、その後ＵＮＩＴＡの武装解除も進められていった。

第3節　カンボジアとの比較検討

上記のアンゴラの事例を、同様に長い内戦を経験し、１９９２年以降、経済復興と新しい国づくりが急速に進んできたカンボジアの事例と比較して、両者の事例から引き出せる教訓を考えてみることにしよう。

紛争後の国の復興・開発の事例として、アフリカのアンゴラに対して、以下では東南アジアのカンボジアを取り上げるが、この組み合わせを奇異に感じる読者は少なくないかもしれない。しかし、両国は意外に共通点が多い。

第一の共通点は、むろん、長い内戦の後、急速に経済復興が進んでいる国であるという点である。アンゴラでは、１９７５年の独立後、２００２年まで断続的に27年にわたって内戦が続いた。２００２年になってようやく内戦が終わり、過去10年間で急速な復興が進んでいる。他方、カンボジアでも、１９７０年に親米派軍部のロン・ノルによるクーデターがあったが、その後クメール・ルージュによって打倒され、１９７５年のベトナム戦争の終了と北ベトナムによる南北の統一のあと、悪名高いポル・ポト勢力による大量虐殺が起こった。その後も、４派による内戦状態が１９９１年のパリ協定まで約20年にわたって続いた。１９９２－93年の国連カンボジア暫定統治機構（ＵＮＴＡＣ）による暫定統治とその統治下で実施された１９９３年の選挙をへて新しい政権が樹立されてからは、過去20年間に急速な復興・開発が進展してきた。

そうした似たような内戦の歴史を経験した両国は、人口規模の点でも類似している。アンゴラの人口は、２００２年時点で約１３００万人といわれ、その後の平和時の人口増加で今日では１９００万人に達したと考えられている。一方のカンボジアも、１９９２年時点の人口は約９００万人といわれ、その後の人口拡大で今日では１３００万人といわれている。

また、そうしたおおよそ同規模の国であるが、長い内戦の間に埋設された地雷の数は、いずれも世界有数である。第５章で詳述するように、アンゴラに埋設された地雷の数は６００－１０００万個といわれ、一方、カンボジアに埋設された地雷の数は４００～６００万個と推定されている。

カンボジアの内戦に関して考えるべき主要な論点は、例えば次のような点である。（１）なぜ内戦が長く続いたのか。その原因には資源の存在があったのか。（２）和平（カンボジアの場合は１９９１年のパリ和平協定）は、なぜこの時期に実現できたのか。その和平（停戦）の要因に共通点はあるのか。（３）国連の介入は効果的であったのか。アンゴラで失敗し、カンボジアでは成功であったとするならば、その違いは何なのか。

3－1　カンボジアの内戦と戦後復興

上記の論点を考えるにあたって、まずカンボジアの紛争の背景と経緯とその後の状況について整理しておくことにしよう。

1953年にフランスから独立を達成したカンボジアは、1970年のロン・ノル将軍によるクーデターに始まり、以来およそ20年に及ぶ内戦・虐殺・混乱の時代を経験した。

1970年3月、シハヌーク国王の外遊中に、米国の支持を受けた右派のロン・ノル将軍によるクーデターが勃発し、シハヌークは政権を失い、ロン・ノル将軍による共和制のクメール共和国が樹立された。そのため、シハヌークは中国等の支援を受け、旧来敵対関係にあったクメール・ルージュ（カンボジア共産党ポル・ポト派）と共闘戦線を結成し、ロン・ノル将軍と争うこととなった。5年にわたる「内戦」の後、米国のインドシナ半島からの撤退もあり、75年4月に共闘戦線が勝利を収めロン・ノル政権は崩壊した（民主カンプチア政権の樹立）。しかし、その後、中国共産党の思想に強く影響を受けたポル・ポトの独裁による恐怖政治となり、都市住民の大下放と全国規模での強制労働（農作業）が行われ、その間におよそ100万人とも200万人ともいわれる一般市民の大量虐殺が生じたことはあまりにも有名である。

ポル・ポト派政権は領土問題やベトナム系住民の虐殺などからベトナムとの緊張を高め、ベトナムはヘン・サムリン、フン・セン等の親ベトナム派による「カンプチア救国民族統一戦線」の結成を促し、同戦線によるポル・ポト派打倒を支援した。カンボジアの反ポル・ポト勢力だけでは容易にポル・ポト勢力を駆逐することが困難とみるや、1978年12月、ベトナム軍は15万人以上の兵力を持ってカンボジアに侵攻した。ベトナム軍は、79年にはプノンペンを陥落させ、ポル・ポト派は西部のタイ国境に近い森林地帯へ敗走、ヘン・サムリン等によるプノンペン政権がカンボジアの実質的支配権を確立し、「カンプチア人民共和国」が樹立された。

ベトナムの勢力拡大に脅威を感じたASEAN諸国は、米中とともに、ソ連とベトナムの支援を受けるプノンペン政権に対抗する勢力の結集を図り、シハヌーク派、ポル・ポト派、ソン・サン派による3派連合の形成を支援した。その結果、82年には、中国、ASEAN（特にタイ）の支援を受けた「民主カンボジア連合政府」が結成され、これとプノンペン政権との対立が構造化し、長期の「内戦」状態となった。

そうした内戦状況が終わりを告げたのは、ようやく1991年になってパリ和平協定が成立した際である。その和平協定の締結の背景要因として最も大きいのは、冷戦状況の終焉である。

1980年代後半以降、ソ連のペレストロイカの進行等による米ソ・中ソ冷戦構造の崩壊、ソ連からの援助を期待できなくなったベトナムと中国の関係改善等が、カンボジア和平を徐々に促進することとなった。88年7月のジャカルタ会議、89年7～8月のパリ国際会議、90年6月のカンボジア問題東京会議等を経て、91年10月パリ国際会議で「カンボジア和平のための国際協定（パリ協定）」が署名された。その結果、シハヌーク派、ポル・ポト派、ソン・サン派、ヘン・サムリン派の4派代表からなる「カンボジア最高国民評議会（SNC）」が総選挙までの暫定期間中、主権を体現する唯一の合法的組織としての権限を与えられ、また、停戦監視・武装解除・選挙実施等に責任を持つ「国連カンボジア暫定統治機構（UNTAC）」が設立された。93年5月には第一回国民議会総選挙（制憲議会選挙）が実施され、1993年9月には「カンボジア王国」憲法が採択・公布され、シハヌーク国王を元首とするカンボジア王国政府が発足した。

1970年代後半のクメール・ルージュによる大虐殺、78年末のベトナム軍のカンボジア侵攻とその後のヘン・サムリン政権時代をへて、90年代初頭に開始されたカンボジア復興支援の経験は、日本を含めた国際社会にとって、復興支援に関する初の大掛かりな取組みであり試行錯誤の現場であった。パリ和平合意が締結された1991年から今日までのカンボジアを、復興開発支援の観点から時期区分すると、次のような4つの段階に区分することができる(16)。

第1期（91－93年）は、1991年10月にカンボジア内戦の当事者であった4派の間でパリ和平協定が締結されて以降、UNTACによる暫定統治、およびその下で行われた制憲議会選挙をへて、同年6月に制憲議会が召集されるまでの、いわゆる国連暫定統治の時期である。UNTACの役割は、従来の停戦監視と武装解除を任務としてきた国連PKOの枠を大幅に越え、選挙の組織と実施、難民および国内避難民の帰国と再定住、ならびに国の再建と復興にまで及んだ。同時期、UNTACへの支援のみならず、国際社会は、ODAやNGO活動を通じてカンボジア復興の緊急ニーズへの対応を開始した。

第2期（93－97年）は、国家復興開発計画の策定が行われ、インフラの復旧や生活基盤の回復、農村開発などが本格化し始めた復旧・復興の時期である。援助のニーズからカンボジアを概観すると、生活基盤の復旧復興と共に、農業の普及、初等教育の拡充などを含めた社会インフラの整備が重要視されてきた時期である。

第3期（97－99年）は、一時的なものであったにせよ、1997年7月に二大有力政党である人民党（CPP）とフンシンペック党が武力衝突を起こし、そのためにASEANへの加盟が1年半遅れるなど、復興過程としては停滞・後退といえる時期であり、それゆえ調整期と位置づけられる。しかし、1998年7月には第2回選挙がカンボジア側の努力によって順調に実施され、同年11月にはCPPとフンシンペックによる連立政権が発足し、こうした動きが国際社会の信頼を回復させ、次の持続的開発期につながっていくことになる。

第4期（99年－今日）は、1999年4月のASEAN加盟を契機として、カンボジアの国際社会への本格復帰が果たされたあとの時期である。近年では、国家開発計画が一本化されたり、SWAP（セクター・ワイド・アプローチ）やPRSP（貧困削減戦略報告書）な

図１－３　カンボジアの一人あたりGDPの推移

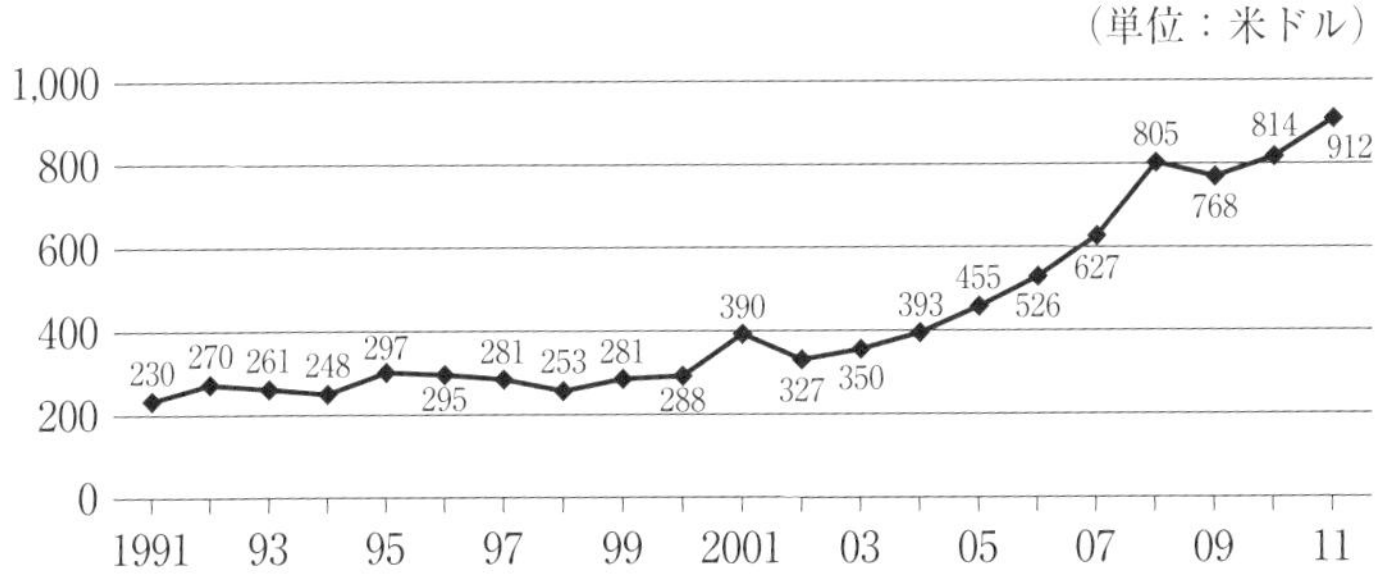

出所：International Monetary Fund, *World Economic Outlook Database*. 2011 より作成。

どを軸としながら援助協調の動きが活発化するなど、もはや「紛争後」の段階はすぎ、「通常」の持続的な開発段階に移ってきているといえよう。

　このような経緯を振り返ると、カンボジアにおける国連の介入は、時期的にはおよそ１年半に限定されるが、大規模なＰＫＯが展開され、効果的に新しい国づくりのプロセスに移行して、比較的安定的な状況の中で着実に経済復興と開発が進んできたとみることができる。図１－３にみられるように、パリ和平合意後の１９９１年から２０００年までの10年間の１人あたり所得は停滞し、世界の最貧国の１つであり続けたが、２００１年以降は、着実な発展を遂げてきたことがわかる。

３－２　国際社会の介入の効果─アンゴラとカンボジアの比較

　アンゴラとカンボジアの内戦と内戦終結後の復興プロセスおよび国際社会の支援の特徴を検討し、特に両国の

1992年以降の経緯を比較することから、アンゴラとカンボジアの事例の特徴的な点（他の事例と異なる点）と共通点に関し、以下のようないくつかの仮説を導き出すことができるのではないだろうか。

（1）まず、アンゴラで長い内戦が続いた最大の要因は、アンゴラに豊富な資源があり、アンゴラの内戦を戦った武装勢力の双方が、そうした資源から収入をえて戦費を調達することができたことである。その意味で、資源の存在が内戦に与えた影響はきわめて大きい。また、そうした双方の勢力を異なる国際勢力がそれぞれに支援をしてきたことも、内戦継続の大きな要因である。

一方、カンボジアでポル・ポト勢力が、1978年末以降、ベトナムの軍事介入によって西部国境に追いやられたあとも、引き続きその地域で勢力を残存できた背景には、西部地域（パイリン地区）でルビーなどの宝石が採掘され、これが武器を購入し勢力を保つための資金源として役立ったことがあげられる。また、タイ国境を越えて密貿易が横行し、それをタイが効果的に取り締まることができなかった（タイ軍の密貿易への関与も指摘されてきた）ことも1つの要因である。また、ベトナム（およびベトナムと同盟関係にあったソ連）の後押しを受けたプノンペンのヘン・サムリン政権に対して、米国や中国をはじめとする国際社会が、反ベトナム・反ソ連の立場からポル・ポト派等反プノンペン勢力を支援したことも見逃せない大きな国際的要因である。

その意味で、アンゴラとカンボジアの長い内戦の継続要因には、かなりの共通性を見いだすことができる。

（2）カンボジアでは、1991年に内戦に関わっていた4派の間でパリ和平協定が結ばれ、92年には国連のUNTACが成立し、93年には選挙をへて新たな国づくりが始まった。一方、アンゴラでも、1991年にはMPLAとUNITAの間で休戦協定が結ばれ、国連によるUNAVEM IIが設立され、92年には新たな国づくりに向けて大統領選挙が実施された。しかし、アンゴラではこの選挙のあと再び内戦状態に陥り、内戦が終結したのは10年後の2002年であった。

カンボジアの1993年の選挙でも、人民党とフンシンペック党との間では、どちらかが単独で政権を掌握してしまえば再び内戦に陥る危険性はあった。しかし、カンボジアの場合、人民党とフンシンペック党との間で連立政権を作ることで、そうした内戦の危機を避けることができた。両党の連立は、二人首相制や主要閣僚や重要な政府ポスト（地方の知事等を含む）を両党のそれぞれからだす並立制（これを「たすき掛け人事」と呼んでいる）にまで及んでいる。こうした「権力分有」制により、多くの問題は残しながらも、憲法制定議会の招集、フン・センとラナリットを共同首相とする暫定国民政府の発足、新カンボジア王国憲法の公布といった、民主主義国家としての基盤が形成されていった。こうした権力分有は「カンボジア人の知恵」とも称されている。

他方、アンゴラでは、1991年の停戦の際に締結されたビセッセ合意では、選挙をすることが合意されたものの、選挙の勝者が政府ポストを独占する「勝者総取り制」をとっており、結果として92年の選挙でMPLAに敗れたUNITAは選挙結果を認めず再び内戦に突入していった。1994年のルサカ合意では、中部のUNITAの勢力の強いいくつかの州で知事ないし副知事のポストを約束し、ある程度の「権力分掌（棲み分け）制」が規定されたが、それはUNITA側を満足させるものとはならなかった(17)。アンゴラの場合は、天然資源が豊富であるがゆえに領域的な権力分掌制は天然資源の開発利権とも絡み、結局、政治的合意をみるにいたらず、内戦は力によって決着を見たのである。

こうした違いがカンボジアとアンゴラの復興過程の開始の約10年間の差を生んでいる。もっとも、カンボジアでも対立派閥の勢力争いは実際には残存し、ポル・ポト派は1993年の選挙には参加せず、ポル・ポト派が最終的に駆逐されたのは1997年である。また、1997年7月に生じた、人民党とフンシンペック党の主力2派による武力衝突によって、実質的に人民党が権力を掌握したという経緯もある。

その意味では、内戦後の政治的安定には、両国ともおよそ10年の移行期間がかかっており、また、最終的にはどちらか一方の勢力が軍事的にも圧倒的な優勢となる形で政治的安定が達成された点で、両国は共通しているとみることもできる。

（3）国連の介入がアンゴラでは失敗し、それに対し、カンボジアでのＵＮＴＡＣは国連の平和構築の成功例とされている。この違いはどこからくるのであろうか。

アンゴラの和平に国連が介入したにもかかわらず、その国連によるミッションがうまくいかなかった理由は、次のように整理できるだろう。

一般的に、紛争当事者のいずれか一者のみであっても、強硬に和平の履行を拒絶する勢力がいる場合には、当該勢力に和平の履行を（国連を含めて）外部勢力が強要することは困難である。アンゴラにおけるＭＰＬＡの対抗勢力であるＵＮＩＴＡは、国連をはじめとする国際社会の努力によっても和平プロセスに取り込むことは困難であった。敵対関係が残存する状態では、国際社会による介入・支援の効果はきわめて限定的であるという現実がここでもあったわけである。他方、カンボジアでも、１９９２年の国連（ＵＮＴＡＣ）のもとで行われた選挙にポル・ポト派は結局参加せず武装解除もなされなかった。それにもかかわらずＵＮＴＡＣが成功であったとされるのは、もう内戦はこりごりであるという国民の意識の広まりの中で、ポル・ポト派の力が急速に低下し、完全に孤立状態になったことが背景要因としてあげられる。

また、アンゴラの場合、国連に与えられるべき人的・資金的資源が不足していたことや、国連がより強い態度で臨まなかったことも、国連ミッションの失敗の原因としてあげられよう。仮に敵対関係を停戦から終戦に向かわせるためのハードルが高い国であえて介入・支援を行おうとするのであれば、中途半端な介入ではなく、敵対関係に変化を与えることを目的とし、そのために必要な大規模な介入・支援をためらわずに行うべきであるとの議論もある(18)。実際、カンボジアへの国連の介入は大規模であり、UNTACは約1万8千人の PKO部隊が投入された、国連としては(朝鮮戦争は別として)、国連始まって以来の未曽有の規模のPKOであり、またその役割も伝統的な停戦監視だけでなく、治安維持・復興再建・行政サービスなど、本来その国が担うべきほとんどすべての機能を暫定的に国連が代行する強力なミッションであった。

しかし、アンゴラにおいて、より多くの人的・資金的資源が与えられ強固な姿勢で国連が臨んでいたとしても、これらの対抗勢力を従わせることができたかどうかは定かではない。アンゴラのような長期にわたって内戦が続いてきたケースでは、国連の介入は内戦の泥沼に足をとられ、長期にわたって関与を迫られ、多大の人的・金銭的コストを負担せざるをえなくなるリスクは高い。今日のアフガニスタンやイラクなどもそのような事例といえようが、当時のアンゴラは、そうした状況にあったと考えられる。国連が大きなリスクをとって大規模な介入を続けることは避けることが賢明である、と判断されたというのが現実だということができよう。

写真１－３　UNTAC 統治下のプノンペン（1992 年８月）

カンボジアでは、ＵＮＴＡＣは約1年間で任務を終了し、その後はカンボジア自身の努力に委ねる形をとった。より長期にわたり暫定統治を続けるべきであるとの議論もある中で、早期に国連は撤収すべきであるとの議論を主導したのは、当時のＵＮＴＡＣのＳＲＳＧ（事務総長特別代表）であった明石康の判断であったといわれる。その判断は結果的には正しかったといえるが、カンボジアでその後、さまざまな課題を抱えながらも政治的安定を達成できたのは、やはりカンボジア人自身の知恵と努力の要素も大きかったというべきであろう。

【註】

（1）２００８年10－11月、２００９年２－３月、２００９年５月、２０１０年８－９月、の４回にわたりＪＩＣＡ（国際協力機構）の複数の調査案件に関連して現地調査を実施した。また、当時の在アンゴラの越川和彦大使をはじめ現地日本大使館関係者およびＪＩＣＡ関係者には、この場を借りて謝意を申し上げておきたい。

（2）「破綻国家」の定義は定まっているわけではない。一般的には、ある国の政府がその国家領域の一部ないしかなりの部分に対する実効支配を失い、その地域の人々の安全や生活を保障しえない状況にあるような場合を指すことが多い。（次を参照。Zartman (1995)）

（3）カルドー（２００３）等。

（4）Collier (1999), pp.168-183; Koubi (2005), pp.67-82.

（5）Parr (2008).

（6）World Bank (2003), p.58.

（7）世界銀行（２００４）。

（8）Collier (2009).

（9）Mac Ginty & Williams (2009).

（10）ロジャー・マクギンティ、アンドリュー・ウィリアムス（阿曽村邦昭訳）（２０１２）『紛争と開発』たちばな出版。

（11）Tschirgi, Lund, & Mancini (eds.) (2010).

（12）アンゴラ内戦の経緯については次の文献が詳しい。青木（２００１）。

（13）こうした背景と経緯については、次を参照。ゲスト（２００８）、第２章「ダイヤを掘る、墓穴を掘る」58－65頁。

（14）コリアー（2008）。

（15）Easterly (2006).（イースタリー（2009））。なお、イースタリー氏は、筆者が世界銀行の政策調査局に在籍していた当時（1996－97年）、同じ部署で世銀エコノミストとして働いていた。

（16）稲田（2013）。

（17）詳細は以下を参照。佐伯太郎（2009）「交渉による内戦終結と領域的権力分掌の陥穽」『国際政治』156号、40－41、45－49頁。

（18）アンゴラに対する国連介入の意義と限界についての分析は以下を参照。水田（2012）。

［参考文献］

青木一能（2001）『アンゴラ内戦と国際政治の力学』芦書房。

稲田十一編（2004）『紛争と復興支援―平和構築に向けた国際社会の対応』有斐閣。

稲田十一編（2009）『開発と平和―脆弱国家支援論』有斐閣。

稲田十一（2013）「カンボジアの復興開発プロセスと日本の援助・投資」『専修大学社会科学年報』。

メアリー・カルドー（山本武彦・渡部正樹訳）（2003）『新戦争論――グローバル時代の組織的暴力』岩波書店。

ロバート・ゲスト（伊藤真訳）（2008）『アフリカ―苦悩する大陸』東洋経済新報社。

ポール・コリアー（中谷和男訳）（2008）『最底辺の10億人』日経BP社。

世界銀行（田村勝省訳）（2004）『戦乱下の開発政策』シュプリンガー・フェアラーク東京。

武内進一編（2008）『戦争と平和の間―紛争勃発後のアフリカと国際社会』アジア経済研究所。

月村太郎（2013）『民族紛争』岩波新書。

福島清介（2006）『新生カンボジアの展望―クメール・ルージュの虐殺から大メコン圏共存協力の時代へ』日本国際問題研究所（HPより入手可能）。

水田慎一（２０１２）『紛争後平和構築と民主主義』国際書院。

米川正子（２０１０）『世界最悪の紛争コンゴ』創成社。

Paul Collier (1999), "On the Economic Consequences of Civil War," *Oxford Economic Papers*, 51-1.

Paul Collier (2009), *Wars, Guns, and Votes: Demecracy in Dangerous Places*.（ポール・コリアー（甘糟智子訳）（２０１０）『民主主義がアフリカ経済を殺す』日経ＢＰ社。）

Paul Collier, Anke Hoeffler (1998), "On Economic Causes of Civil War," *Oxford Economic Papers*, 50-4.

Paul Collier, Anke Hoeffler (2004), "Greed and Grievance in Civil War," *Oxford Economic Papers*, 56-4.

William Easterly (2006), *The White Man's Burden: Why the West's Efforts to Aid the Rest Have Done So Much Ill and So Little Good*, Oxford University Press.（ウィリアム・イースタリー（小浜裕久・織井啓介・富田陽子訳）（２００９）『傲慢な援助』東洋経済新報社。）

Vally Koubi (2005), "War and Economic Performance", *Journal of Peace Research*, 42-1.

Roger Mac Ginty, Andrew Williams (2009), *Conflict and Development*, Routledge.

Patrick Regan M. & Daniel Norton (2005), "Greed, Grievance, and Mobilization in Civil War," *Journal of Conflict Resolution*, 49-3.

Fukuda Sakiko Parr (2008), *Integrating Conflict Prevention in Development Policy and Agendas*, (Policy Messages from the Wilton Park Conference), March.

Indra de Soysa (2002), "Paradise Is a Bazaar? Greed, Creek, and Governance in Civil War, 1989-99," *Journal of Peace Research*, 39-4.

Necla Tschirgi, Micahel S. Lund, & Francesco Mancini (eds.) (2010), *Security & Development: Serching for Critical Connections*, Lynne Rienner.

I. William Zartman (ed.) (1995), *Collapsed States*, Lynne Rienner.

コラム① アフガニスタンにおける国連ミッションの役割とその限界

国連が紛争関連地域に展開するのは、各国の軍隊を国連の要請に基づいて派遣するPKO（平和維持活動）だけではなく、より広く国づくりのための支援を行う「統合政治ミッション」がある。現在、国連が主導している統合政治ミッションの中で最大のものは、アフガニスタンで展開している国連アフガニスタン支援ミッション（UNAMA）である。UNAMAは2002年のその設立以来、アフガニスタンにおける政治プロセス、安全保障・治安分野、復興・開発支援の包括的なとりまとめ役として中核的な役割を果たしてきており、事実上、国連最初の統合ミッションということができる。2000年にアナン国連事務総長（当時）が設置した「国連平和維持活動検討パネル」の報告書（ブラヒミ・レポート）は、「効果的な平和構築には、紛争の根源に対処するための政治と開発を合わせた活動が必要だ」と述べており、ブラヒミは初代（2002年から2004年1月まで）のUNAMAの事務総長特別代表（SRSG）として、まさにその平和構築活動を実践すべく努力していった。

UNAMAは、2001年9・11同時多発テロを受けた米国主導によるアフガニスタンのタリバン勢力への攻撃ののち、2001年12月のボン合意に基づき採択された国連安保理決議第１４０１号により設立され、その後のアフガニスタンの国家再建に大きな役割を果たしてきた。当初のＵＮＡＭＡのマンデート（任務）は、ボン合意に基づいてアフガニスタンの復興と和解促進を支援すること、国連の現地統合ミッションとして、アフガニスタンにおける文民政治と開発・人道の両面の事業を担うこととされた。

その一方、国連は紛争直後の状況でＰＫＯを派遣することが多いが、アフガニスタンにおいては軍事面での直接的な関与を避け政治ミッションに限定した。それは、当時のブラヒミ特別代表が、国家再建はアフガン人の手にゆだね、外国人を中心とした国連は、可能な限りその組織・活動を最小限にとどめることを主眼とした「light foot print」の方針をとったからである。また、その背景には、軍閥やタリバン勢力が残存するアフガニスタンにおける軍事治安状況を踏まえ、治安維持の役割は国連ＰＫＯでは達成困難という判断があったからである。そのため、和平プロセスとしての国内治安回復と維持においては、北大西洋条約機構（ＮＡＴＯ）指揮下のＩＳＡＦ（国際治安支援部隊）が活動し、また、それは、米連合軍によるアルカイダ・タリバン掃討作戦と常に共存する形で行われてきた。その後のＵＮＡＭＡのマンデートは、アフガニスタンのその時々の状況に応じて変遷している面もあるが、軍事面・治安面で大きな役割を担うＩＳＡＦや米軍と密接に協力しながら、政治プロセスや人道・復興支援のとりまとめ役としてのＵＮＡＭＡの役割は、これまでのところ一貫して不変である。

第2章　資源依存の経済とその影響

第1節　資源の存在は「呪い」か？

紛争と開発の関連についてのトピックの中でも、頻繁に取り上げられることが多いのが、天然資源の存在と紛争との関連である。特に、石油やダイヤモンド等の天然資源は、通常、一国の中でも偏在しており、その開発から得られる利益をめぐって内戦がしばしば発生したことは、経験則としてよく指摘されている。「ブラッド・ダイヤモンド（あるいは紛争ダイヤモンド）」は、レオナルド・ディカプリオが主演したハリウッド映画でも映画のテーマとして取り上げられたことから、今や一般にも広く知られた言葉である。

果たして資源の存在と内戦はどのように関連しているのであろうか。資源があると紛争が起こりやすいのであろうか。以下ではまずこの問題について検討してみることにしよう。

1－1　「資源の呪い」とは何か―天然資源と経済発展

天然資源と経済成長の関係については、豊富な天然資源に依存した国家は、その他の国内産業のいわゆる「交易条件」の悪化による産業の国際競争力の低下や非効率な経済政策の実施などによって、低経済成長に陥ることが多いことが指摘されてきた。豊富な天然資源が資源保有国の産業の発展に悪影響をもたらすことから、これらの現象は逆説的な表現を用いて「資源の呪い（resource curse）」と総称され、また後述するように、「オランダ病」と呼ばれることもある。

経済成長の要因を分析することは、経済学の最も重要なテーマであり、膨大な分析がある。その中で、経済成長と天然資源の関係についての分析も少なくないが、中でも天然資源と経済成長の関係に注目が集まるきっかけとなったのが、1995年に出されたサックスとワーナーの研究であった(1)。この研究で彼らは、1971年から1989年の期間に、「一次産品輸出」の比率が高い95の開発途上国について調査を行い、一次産品への輸出依存度が高いほど1人あたりGDP（国内総生産）の成長率が低くなることを示した。彼らは、天然資源と低経済成長の相関関係を説明する仮説として、「オランダ病（Dutch disease）仮説」をあげている。

「オランダ病」という言葉はもともと1960年代のオランダ経済の経験から生まれた言葉である。オランダにおける北海ガス油田の発見は、国家に莫大な財政収入をもたらした一方で、資源部門の輸出ブームを招き、資源保有国であるオランダの実質為替レートの高騰を引き起こした。自国通貨の高騰は、生産要素価格の上昇だけでなく、輸入材の価格低下をもたらしたため、結果的にオランダでは天然資源以外の貿易部門の国際競争力が低下することとなった。彼らは、調査した95カ国のうち豊富な天然資源に依存している国で経済成長が達成されない理由として、この「オランダ病仮説」の妥当性を主張したのである。

これに対して、天然資源と低経済成長をつなぐ別の論理として、政治的な要因を含めて説明しているのが、「レント・シーキング仮説」と「国内制度仮説」の2つである(2)。

「レント・シーキング」とは、経済学における公共選択論の概念の1つで、参入が規制されることによって生じる独占による利益や寡占による超過利益を獲得・維持するために行うロビー活動等のことであり、わかりやすくいえば、利権をめぐる争いのことである。「レント・シーキング仮説」によれば、天然資源が生み出す莫大なレントは、政府・官僚機構の腐敗や社会・経済政策の歪みをもたらす。そして国内の生産者側にとっても、生産活動の効率化よりも政府による再分配政策や公共投資を求めて媚を売るレント・シーキングが盛んになるため、経済成長は阻害されることになる(3)。

一方で、「国内制度仮説」によれば、天然資源が資源保有国の経済成長に寄与するか否かは、資源を管理する国内制度の違いに依存していると考えられる(4)。天然資源の生産・管理を適切に行うことのできる質の高い国内制度（例えば、法の支配や民主的手続き）が整っている場合には、「資源の呪い」は生じずに経済成長という恩恵がもたらされるとしている。一方で、国内制度に欠陥がある場合には、資源を効率よく使用することはできず、資源保有国の経済は悪化することが想定される。

このように、天然資源と経済成長をつなぐメカニズムについては、いくつかの異なる説明が存在するものの、天然資源の存在が資源保有国の経済成長を阻害する面があるという点については、多くの研究者の間で基本的な合意が得られているといってよい。

1―2　天然資源と紛争

他方、豊富に存在する天然資源は、直観的には資源を保有する国の平和と繁栄の達成に貢献するように思われるが、これまでの主要な先行研究においては、豊富な天然資源の存在が、低経済成長とともに内戦の発生をもたらす可能性のあることが指摘されてきた。こうした天然資源と内戦の関係についての代表的な議論の1つは、コリアーらによるもので、豊富な天然資源の存在は潜在的な反乱軍の欲望を刺激し、反乱の継続を可能にする財政的な基盤となると指摘している(5)。これを「強欲仮説」とも呼ぶ。

しかし、こうした「常識」(これを研究者はよくconventional wisdomと呼ぶ)に対して、天然資源の存在と内戦や貧困との相関関係を反証しようとした研究もいくつか提示されている。

例えば、個別の天然資源に注目した実証研究として、一貫して内戦と強い関係にあると考えられてきた石油について、ハンフリーズのように、資源の豊富さと内戦の間に統計的に有意な関係があると主張している研究がある一方で、ディ・ジョンのように、両者の間には統計的に有意な関係がないとする分析や、スミスのように、石油資源が政権基盤を強化し内戦の発生確率を下げるとする正反対の研究結果を示している論者もいる(6)。

また「紛争ダイヤモンド」という言葉に象徴されるように、内戦との結びつきが強いと考えられているダイヤモンドについても、石油をめぐる検証論文に劣らず多様な分析論文があり、ダイヤモンドが内戦の発生を促すとする議論は確たるものとはなってはいない。ルジャラのように、反政府勢力にダイヤモンドなどの資源収入がはいることによって紛争が促進されるとする議論がある一方で、レーガンらのように、両者の関係はそれほど単純ではないとする議論の両方がある(7)。実際、後述するアンゴラは、ダイヤモンドの存在とそこから得られる資金が長年にわたる内戦を可能にしたということがいえるが、他方、ボツワナのように、ダイヤモンドを産出するものの内戦に陥ることなく、アフリカの中で最もガバナンス状況がよいと評価され比較的高い経済所得水準を達成している国もある。

要するに、石油やダイヤモンド・宝石などの天然資源の存在と内戦の発生との因果関係は、当たり前のことではあるが、その国のおかれた状況や対処の方法によって左右されるのである。したがって、そうした個別の状況や対応は、個々の国を個別に見ていく必要があり、以下ではアンゴラのケースと、同じくかつてのポルトガル植民地で豊富な石油・ガス収入を有する東ティモールのケースを見ていくことにしよう。

第2節　アンゴラ経済にとっての資源の功罪

さて、アンゴラ経済にとって、資源の存在はどのような意味を持ち、どのような影響を与えているのだろうか。それは「恩恵」をもたらすものなのか、あるいは逆に「呪い」なのだろうか。

アンゴラはナイジェリアに次ぐアフリカ第2位の産油国で、2013年現在では日量約180万バーレルを産出し、世界第18位にランクされている（石油・ガスジャーナルによる）。アンゴラの石油は主に首都ルアンダやその北方に位置するカビンダの西方の海底油田で採掘され、軽くて硫黄分が少ない良質のものであるとされている。また、アンゴラはダイヤモンドの埋蔵量も多く、内陸部の中央部および北東部が主要産地である。世界第4位のダイヤモンド産出国とされているが、違法な採掘や密輸もあり、正確な数字は不明である。

2－1　石油に依存する近年の高成長

当面の経済成長にとって、こうした石油等の資源の豊富な存在は「恩恵」であることは間違いない。

内戦が終わった2002年以降、今日に至るアンゴラのマクロ経済状況は全般的に良好で

図２－１　アンゴラの近年の GDP と成長率の推移

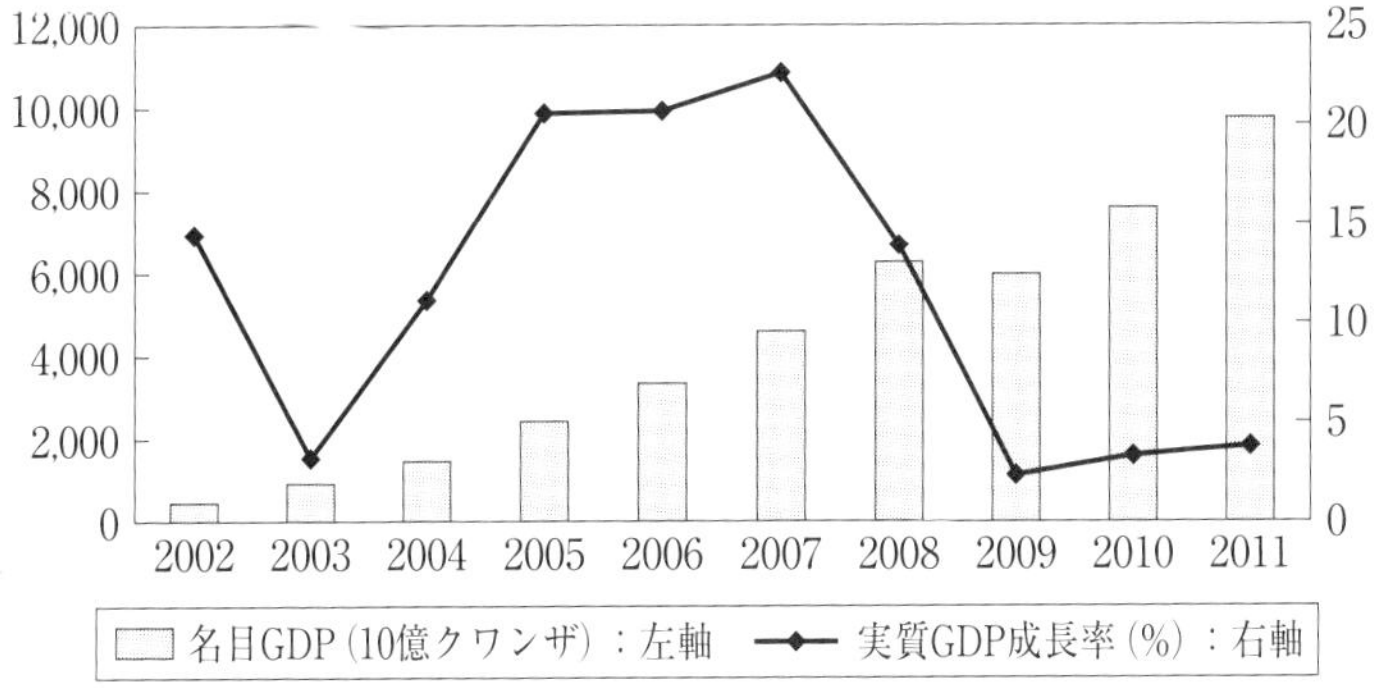

出所：IMF, *World Economic Outlook Databases*, 2012. より作成。

あり、２００２年に紛争が終結してから急速な経済成長期にある。経済状況の安定性は、インフレ率やＧＤＰ等の統計にも表れており、インフレ率は２００７－２０１０年を通して10－15％の水準で安定的に推移しており、国内総生産（ＧＤＰ）成長率は、２００４年に11・３％、２００５年に20・６％、２００６年に18・６％、２００７年には23・３％に達した（図２－１参照）。経済全体の成長にともなって、１人あたりＧＤＰも急速に拡大しており、２００８年にはドルベースで３０００ドルを超える水準に達したとされる。２００８年後半以降のリーマン・ショック後の国際金融危機で多少減速したとはいえ、引き続き高成長を持続している（２００８年：15・６％、２００９年：２・４％、２０１０年：３・４％、２０１１年：３・９％）。

　こうしたアンゴラの安定した急速な経済復興を支えているのは、アンゴラ沖に存在する海底油田で

図２－２　輸出額の推移（億ドル）

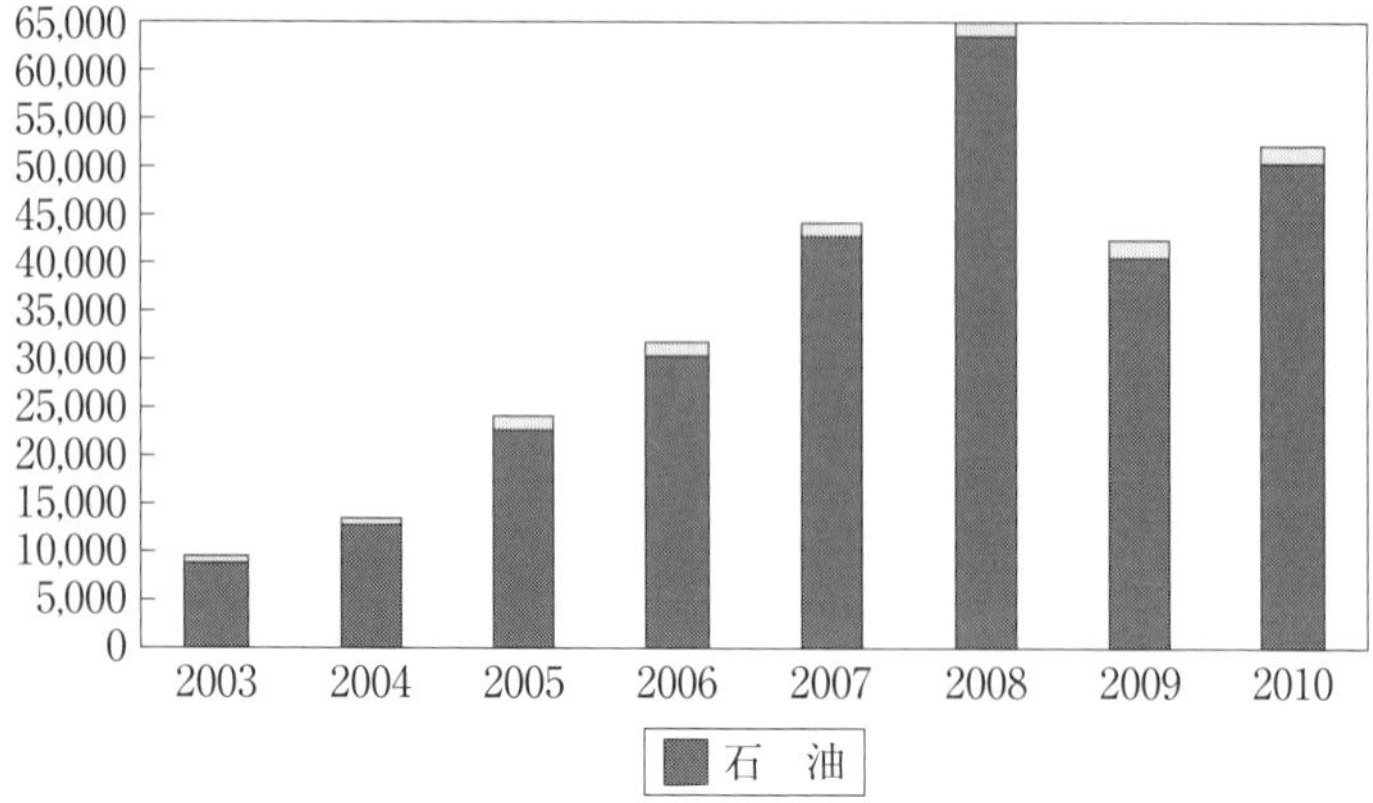

出所：アンゴラ政府統計より作成。

ある。アンゴラ経済は石油輸出に依存しており、輸出の90％以上、ＧＤＰの大半が石油部門である。もっとも、産業やＧＤＰが過度に石油に依存する体質から脱却するために、非石油部門の拡大をめざしてはいる。実際、非石油部門も成長はしており、統計からは経済成長が単に石油分野だけでなく、非石油分野でも進んでいることが示されており、２００７年の石油部門の成長率が20・４％であるのに対し、非石油部門の成長率は25・７％（建設37・０％、製造32・６％、農業27・４％）となっている（世銀統計）（８）。持続的開発のためには、非石油部門の開発が重要であり、現に、この分野の近年の成長率は高いが、依然として石油に依存する体質から抜けだせているとはいえない状況である。図２－２は、２００３年以降のアンゴラの輸出額の急激な拡大を示したものであるが、その輸出の大半（9割以上）は石油である。

石油以外の輸出に関しても、ダイヤモンドなど一次産品がほとんどすべてである。ダイヤモンドは、全輸出額の1割にも満たないが、その埋蔵量は南アフリカ以上といわれており、その潜在力は高い。アンゴラのダイヤモンド産業は国営企業（ENDIAMA：Empresa National de Diamantes de Angola）によって運営されており、世界最大のダイヤモンド取引会社であるデビアスとの関係はよくなかったが、近年は対立関係にあるわけではなく、一定の協調関係にあるといわれている。

また、資源輸出に基づく好調な経済成長は、国際収支にも当然ながら良い影響を与えてきた。アンゴラの対外債務残高は、２００７年で97億米ドルであり、ＧＤＰの20％以下（２００７年16％）の低水準である。この数字は中所得国としては中長期的に見て持続可能なレベルであると考えられている。その理由は、（1）特に近年の石油価格の高騰によって、国際収支および財政収支が改善し、近年いずれも黒字であること、（2）内戦が長く続いたことによって国際金融界から多額の借入をするということがなかったために、もともと債務残高は低くＧＤＰ比20％以下の水準にあること、などによる。ただし、急速なインフラ復興と石油開発分野の資金が膨大であったため、２００７年から２０１２年の間に対外債務はほぼ倍増し、２０１２年末には１９６億ドルに達したと見込まれている。もっとも、ＧＤＰの急成長により、対外債務の対ＧＤＰ比率は２０１２年でも約16％にとどまっている。

アンゴラの輸出と財政収入の大半が石油に依存していることから、中長期的な債務状況は、石油価格動向に左右されるところも大きい。しかし、そもそも、2000年代後半のアフリカ全体の平均経済成長率は約5％とかなり高く、この高い経済成長を押し上げている最大の要因は、近年の石油および資源価格の上昇・高騰であり、さまざまな天然資源を有するアフリカ諸国は、全体として急速な経済成長を遂げてきているのが、近年のアフリカ経済の特徴である。アンゴラは、そうした「元気なアフリカ」の典型例ということもできる。

2－2 「資源の呪い」といびつな経済社会構造

他方、アンゴラで、上記のような資源の存在の「恩恵」がある一方で、「呪い」の側面があることも否定できない。

アンゴラの物価はきわめて高く、首都ルアンダの物価は、ロシアのモスクワと並んで世界一の高さであると指摘されている。実際、アンゴラを訪れるとなると、ごく普通の三つ星程度のホテルの1泊の宿泊料金は300ドルを超え、簡単な外食でも50ドル程度かかるのが普通であり、国際的な物価水準のおよそ3倍程度の感覚である。

このようなアンゴラ国内の高い物価水準は、単に供給が少なく需要が多いといった需給関係だけで説明できるものではなく、基本的には石油輸出依存によるアンゴラ通貨（クワンザ）高によるものである。これは、経済学的にいうと、いわゆる「資源の呪い」である。つまり、アンゴラは石油大国でありその最大輸出品目が石油であるがために、交易条件がきわめて価格の高い国際的需要の大きい石油にあわせられ、アンゴラの通貨クワンザの為替レートがきわめて高く設定されているのである。

アンゴラ国内に住む人々にとっては、通貨高の恩恵を受け外国製品を安く輸入できるが、外国人がアンゴラで生活をしようとおもうと、モノがみな高くなるということを意味する。それは一見通貨高の恩恵にあずかって良いことのようにおもわれるが、こうした交易条件の固定化は、アンゴラで石油や天然資源以外の産業が、国際的にはまったく価格競争力を持たず、それ以外の（農業を含めた）産業が育ちにくいことを意味する。

歴史的に、アンゴラの人口の相当な割合が農村部に暮らし農林畜産業に従事している。現状では、アンゴラの人口のおよそ60％が農業セクターに従事していると推定されており、低地の灌漑地では野菜と果物の集約型農業で、キャッサバ／メイズ、キャッサバ／メイズ／米といった混合栽培を行っており、都市部近隣ではメイズと野菜栽培、内陸部ではソルガムとミレット栽培と畜産業等が行われている。大半は自給農家と小規模農地である。写真２－１は、首都ルアンダから１００㎞程度離れた地方の農産物市場の様子である。農産物流通のコールド・チェーンのようなシステムはまだ整備されておらず、地元産物を地元で消費する形態が大半である。

アンゴラ農業省は今後の産業振興の重点として農産加工業を重視している。首都ルアンダ

写真２－１　地方の農産物市場（クアンザ・スル州，2009年３月，以下同時期）

写真２－２　農産物を売る地元民（ビエ州）

から海岸沿いの南方に、果実ジュース工場ができた例はある。しかし、農産加工業はなかなか進んでいるとは言い難い。例えば、アンゴラで個人的に体験したことであるが、アンゴラ国内で、輸入されたポテトチップは日本円に換算して国際価格と同様の一袋１５０円程度であるが、アンゴラ国内で生産されたポテトチップは一袋５００

円程度になってしまっている（内陸部のクイト郊外の南アフリカ資本のスーパーマーケットにて）。これでは本来生産できる多くの商品は、価格競争ができず産業として育たず競争力を持たない。現状でこうした高い国内生産品が依然として流通しているのは、特に内陸で安い外国製品が流通ルート上の制約で入手できないからであり、今後交通網が整備され、海外からの輸入物資が内陸まで安い流通コストで運ぶことが可能になると、かろうじて存在していた国内産業も価格競争の面から淘汰される可能性がある。

もっとも、クワンザ高には、輸入品を安く購入できるメリットがある。インフラ整備をはじめとする経済復興には膨大な資機材が必要であり、そうした資機材を相対的に安く輸入するためには有益である。アンゴラ政府は、こうした観点から、意図的にクワンザを高めに誘導している面がある(9)。

このようなアンゴラ経済が国際的におかれている状況や交易条件は、いわゆる「資源の呪い」の典型であり、他のアフリカ諸国でもこうした状況におかれている国々は少なくない。アンゴラの現在の為替レートでは、石油をはじめとする資源以外の輸出はきわめて困難である。もしアンゴラ政府当局による為替介入やある種の為替操作が可能であるとしたら、将来的に復興が進んで資機材を安く大量に輸入する必要性が減ってきた場合には、長期的には為替レートが見直される必要（およびその可能性）もなしとはしない。

このように、アンゴラは石油をはじめダイヤモンドなど資源輸出に依存する経済構造から脱却できていないが、そのことと相まって、アンゴラ経済の構造的な課題は、資源に関連する政策形成や取引・ビジネスにアクセスできる一部の政府指導層や高級官僚・特権層に富が集中し、多くの国民は依然として貧しい状態におかれていることである。アンゴラのジニ係数（貧富の格差を表す経済指標で0が完全平等、1は1人に富が集中している状況をあらわす）は0・63とされ、この数値は世界で最も高いレベルであり（近年貧困層の暴動が頻発しているブラジルと同程度）、貧富の格差はきわめて大きい。だからといって民衆の不満が爆発し政治的な暴動やクーデターのリスクがあるかといえば、MPLAの支配体制が強固であり軍や警察など実力組織を固めているため、そうした政治的リスクは限りなく小さい。しかし、こうした貧富の格差は、アンゴラ社会が抱える大きな不安定要因であることは否めない。

例えば、政府上層部のみに権限と決定権が集中され、それにともない政策に関わる情報も少数の上層部のみが知りうる立場にある。これが汚職を生む素地ともなり、一部の政治家・高級官僚やその派閥が利権を独占し、高い所得を得ているのが現状である。つまり、資源は汚職や腐敗を促進するとの「レント・シーキング仮説」は、アンゴラのケースでまさに証明されている。

また、アンゴラの持つ資源がきわめていびつな経済社会構造を生み出していることも事実である。例えば、地方で雇用の機会が得られず、貧しい状況におかれている人々が、雇用やチャンスを求めて首都ルアンダに大量に移り住んできている。植民地時代には人口60万人を

写真２－３　国営石油会社の本社ビル（ルアンダ）

想定して作られていたといわれる首都ルアンダおよびその近郊に、2010年時点で（総人口約1600－1700万人のうち）約600万人以上が集中しているとされる。首都ルアンダの都市再開発は急速に進められてはいるが、都市基盤整備がこうした集中・急増する人口に到底追いつかず、交通渋滞、住宅不足、スラム街の拡大、物価の高騰など、都市化にともなう問題が深刻化している。

写真2－3は、国営石油会社ソナンゴール（1976年設立）の本社ビルであり、きわめて近代的なビルがそびえ立っている。他方、旺盛な復興需要と豊富な石油資金のおかげで、経済復興と国内で必要とされる消費財の輸入のため、首都ルアンダの港の沖合には物資を満載した多くの船が停泊している。しかもただ停泊しているという生やさしいものではなく、港の接岸能力が限られ

写真２－４　海岸で寝るぼろを着た人（ルアンダ）

写真２－５　道路脇で鹿を売る少年（クアンザ・スル州）

ているために、多くの船が沖合で荷下ろしの順番を待っており、その数ざっと200隻くらいであり、2010年時点では、平均待機日数が1－2カ月といわれていた。

その一方で、多くの人々が首都周辺のスラムで不衛生な環境の中で暮らしており、ホームレスのような人々を見かけることも少なくない。写真2－4は、海岸の石の上で寝ているぼろ服を着たそうした人を撮影したもので、沖合に停泊する多くの船と対照をなしている。写真２－５は、内陸の中心都市ウアンボに行く途中の道路脇で鹿一頭を売る農村の子供である。販売チェーンはまだできておらず、地方ではこうした形で販売して現金収入を稼ぐのが一般的である。

第３節　東ティモールとの比較検討

天然資源が経済に与える影響を考える上で、もう１つの興味深い事例が、アンゴラと同様にかつてポルトガルの植民地であった東ティモールである。東ティモールの国づくりについても、まずその概要を説明しておくことにしよう。

東ティモールは17世紀頃からポルトガルの支配下にはいり、やがてその植民地とされた。１９７４年に東ティモールがポルトガルの植民地統治から離れ、翌１９７５年にインドネシアが併合を表明したのちも、一部の国を除いて国際社会はそれを認知したわけではなかったが、インドネシアの実効支配が続く中で、事実上その併合が黙認されていた。こうした状況に変化が生じたのは、１９９７年暮れに、アジア経済危機の影響を受けてインドネシアが経済的にも政治的にも混乱し、翌１９９８年に、約30年にわたって続いていたスハルト政権が崩壊したことによる。

スハルト政権のあとを受け、1998年5月に成立したハビビ政権は、インドネシア国内でも選挙が行われ政治的自由化や民主化を求める動きが高まるのと並行して、東ティモール問題でも態度を軟化させ住民投票の実施に同意した。1999年8月の住民投票そのものはほぼ順調に行われた。投票結果は、約44万人の有権者のうち、約78・5%が自治案に反対票を投じ、独立を望む住民が大差で圧勝し、東ティモールの独立は決定的になった。しかし、現地の併合支持派はこの投票結果を受け入れず、破壊活動を激化させ、併合派民兵による殺害、放火、略奪が起こり、首都ディリをはじめ東ティモール全域が騒乱常態に陥り、国連安保理決議に基づき国連が介入することになった（INTERFET：国連東ティモール軍の派遣とそれに続くUNTAET：国連東ティモール暫定行政機構）。

その後、2001年8月30日に憲法制定議会選挙が行われ、翌2002年3月22日には、憲法が制定され、そして、2002年5月20日に正式に独立を果たした。独立にともなって、それまでのUNTAETは「暫定行政機構」からUNMISET（国連東ティモール支援ミッション）へと移行し、国連職員の数も順次削減され、東ティモールの行政官にその役割を移管していった。2006年に、軍・警察の中の一部不満分子による反乱とそれに関連する政治危機が生じ、国連が再度UNMIT（国連東ティモール・ミッション）を編成して関与してきたが、それも2012年12月で完全に終了した。2012年に実施された3回目の選挙（大統領選挙および議会選挙）も順調に進み、東ティモールは国としての着実な自立の道を歩み始めていると評価されている。

一般の人々にはあまり知られていないが、東ティモールの沖合には有望な石油・ガス田があり、すでにいくつかの鉱区で開発と採掘が開始され、その石油・ガス収入は東ティモールの国庫にはいり、今日の東ティモールの歳入の大部分を占めるようになっている。今後の東ティモールの開発の行方を占う上で、この石油・ガス収入の扱い方とこの資金を開発のためにどう使うかは、最も大きなテーマの1つである。

3-1　東ティモールの石油・ガスと石油基金

東ティモールとオーストラリアとの間には有望な石油・ガス田が広がっており、両国の陸地からの中間線からオーストラリア側はオーストラリアが開発しているが、中間線から東ティモール側は、オーストラリアの大陸棚に含まれることから、長年、オーストラリアとインドネシアとの間でその領有と開発をめぐって議論になってきた。東ティモールがインドネシアからの独立を達成したのち、両国政府の間で交渉が継続され、「中間線」より東ティモール側については東ティモールの「排他的経済水域（EEZ）」であることが認められたものの、海底油田の開発能力を東ティモールは持たなかったため、両国の共同開発事業が進められ合弁会社がつくられた。産出した石油・ガスの精製施設を東ティモールは持たないため、全量がオーストラリア側にパイプラインなどを通じて運ばれている。設立当初は、その収益

図2－3　東ティモールとオーストラリア中間領域の石油開発管轄権

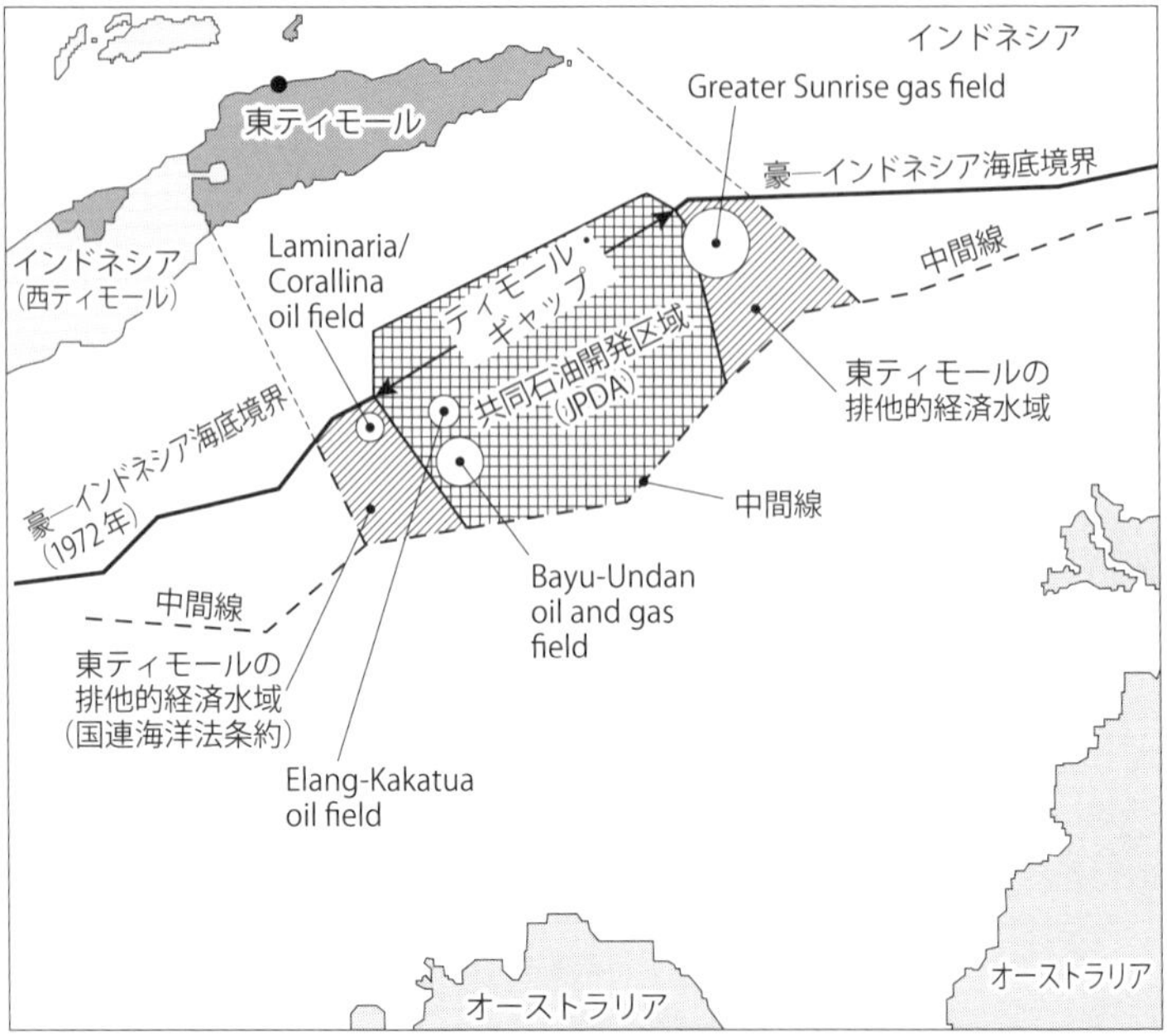

出所：*The La'o Hamutuk Bulletin*, August 2003 (Vol.4, No.3-4), p.2.

は両国の間で折半とされたが、もともと東ティモールの排他的経済水域であるため、その後、東ティモールの取り分が拡大している。

この東ティモール沖合の石油・ガス開発から得られる収入は、２００５年に成立（２００４年12月に閣僚評議会で、２００５年７月に議会で承認）した石油基金法により、石油基金にプールされ、毎年国庫にはいって来る金額はその毎年の収入の３％が上限と定められた(10)。これは、石油・ガス開発から得られる収入が未来永劫続くものではなく、やがて資源が枯渇することが予想されることから、次世代までその収入が中長期的に使えるようにするための仕組みである。かつて北海油田によって多額の石油収入がはいって来るようになったノルウェーがその石油収入をプールする仕組みを考案し、同様な仕組みを東ティモールにも導入したものである。

その要点は、毎年の石油産出からあがる収入を基金としてプールし、長期的に財政に組み入れようとするものであり、重要な収益である石油収入をのちの世代にも長期的に使うことを目的としている。またこうした仕組みを導入した背景には、東ティモールの行政・予算管理能力がまだ十分ではなく、多額の予算を適切に使うことが困難である可能性が高く、また多額の資金の使い方をめぐって汚職・腐敗や政治的争いの種になることを避けるためという意味もある。

その導入においては、ノルウェー人のアドバイザーが大きな役割を果たしたが、このメカニズム導入にあたっては、まだ行政能力がない東ティモールでいきなり多額の財政収入がはいってきた場合の予算消化・執行能力の限界や汚職・腐敗の可能性を危惧する国際社会からの制度導入（移植）の圧力が働いただけではなく、東ティモールの当時の首相であったアルカティリ（最大与党であったフレテリンの党首）の考えによるものだともいわれている。当時のアルカティリ首相は、独立間もない東ティモールの行政能力の未熟さを熟知しており、石油収入を長期的に安定した財政収入として次世代に残しながら自己規制をかける仕組みの必要性を感じ、ノルウェーの石油基金の仕組みに注目し、２００３年に自らノルウェーに調査に行き、東ティモールでノルウェーのモデルを模した石油基金法を策定し、その仕組みを導入したとされる(11)。筆者はアルカティリ元首相にヒアリングする機会があったが、アルカティリは能吏型の人物で、人当たりの良い政治家であるグスマンやラモス・ホルタとは対照的であり、国政の運営の仕方も、政府主導の社会主義的な政治を目指すアルカティリ（政党としてのフレテリン）と、民主的な政治を目指すグスマン（政党としてのＣＮＲＴ）とではきわめて対照的であったとされる。

さて、このように東ティモールの国家財政の大半を占め、今後の開発の行方を左右する石油基金からの収入とその使い方にどのような課題があるのだろうか。

毎年石油・ガス収入がどの位になるか、国庫にどの位はいって来るかについては、東ティモールの財務省（以前の BPA : Banking & Payment Authority）が四半期ごとに報告書を出しているので、それをみればわかる(12)。そうした報告書に基づいて、今後20数年間に、石油収入がどのように推移するかの予測をまとめたのが図２－４である。

要は、２００６年頃から２０１８年頃まで多額の石油収入が予想されるが、その後は減少することが予想されるため、石油基金にプールし毎年使える金額を制限（おおよそ年３千万ドル）することによって、その資金を将来にわたって持続的に使おうというものである。

もっとも、東ティモール沖合でその後新しく発見されたサンライズ（Sunrise）鉱区はか

図２－４　サンライズ地区石油開発が進展した場合の石油収入の予測

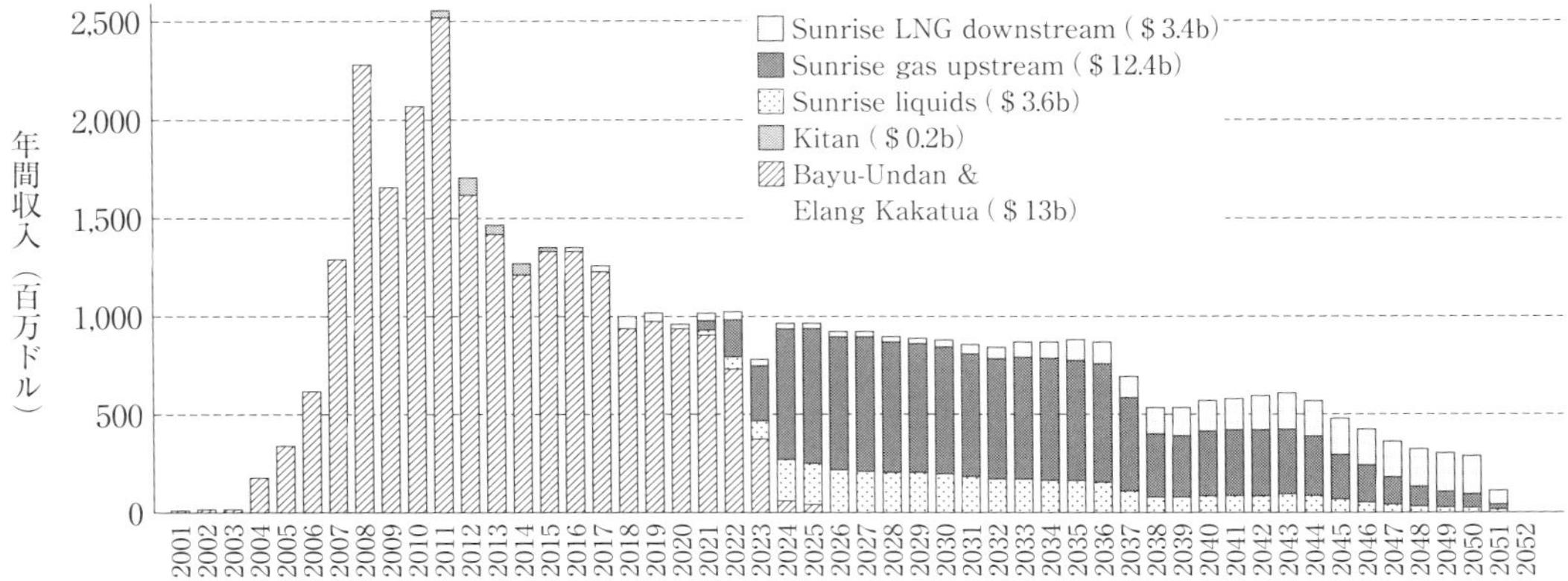

出所：La'o Hamutuk（東ティモールのNGO）のホームページより（政府推計に基づいてLa'o Hamutukが作成，2011年12月）。

なり大きな埋蔵量を持つ油田であると予想されており、この地域での開発が軌道にのり収益が上がり始めると、上記の石油収入の長期的予想も変わってくることになる。いつ開発が軌道に乗るかによっていくつかのシナリオが想定されているが、順調にいった場合には、図2－4のように、多額の石油収入がはいって来る期間がさらに10－20年延びることになる。こうした楽観的な期待が、石油基金から国庫にはいる比率（現在は3％）をもっと引きあげるべきだとの議論を勢いづかせる背景となっている。

3－2　東ティモールにとって石油資源は「呪い」か？

いずれにせよ、いまだ他に有望な産業がない東ティモールにあって、石油収入は政府の最大の収入源であり、東ティモール政府の現在の国庫歳入の中で、石油収入は圧倒的に大きなシェアを占めている。

海外援助機関・国際機関（ドナー）からの援助事業は本来の国家予算外（いわゆるオフ・バジェット）で実施されるものであるので、それを除外すると、国庫歳入の8割程度が石油基金からの移転収入という状況である。ちなみに、他の国内収入の中で最も大きいのは関税収入であり、法人税・個人所得税は（近年税率が引き下げられつつあるが）もともと少ない。また、ドナーからの財政支援は、石油基金収入が拡大している状況の中で、毎年どんどん減少してきており、今後はなくなることが予定されている。その一方で、石油基金からの移転収入以外の国内歳入はほとんど増大しておらず、石油収入以外の産業をいかに拡大し国内の収入源を拡大するかが、今後の持続的開発にとっての大きな課題である(13)。

石油基金の収益から毎年国家財政にはいる比率については、石油基金法で3%が上限とされてきた。東ティモールはいまだきわめて貧しく、石油収益をより多く東ティモールの現在の貧困状況の改善に使うべきだとする議論が、とりわけ現政権の与党からだされており、この点での石油基金法の改正は、政治的論点の1つとなっている。石油基金導入時の政権のフレテリン（アルカティリ前首相）は、こうした現政権の姿勢に批判的であり、「石油基金の国庫への移転上限3%には合理的根拠があり、それを変えようとするのは政治的ばらまき以外の何ものでもない」と述べていた(14)。

他方、石油基金の投資先として米国債が大半（90%以上）を占めており、東ティモールが独自通貨を持たずドルを通貨として使っていることから、為替リスクがないことは大きなメリットであった。しかし、2008年後半に生じた、サブプライム・ローンの問題等に起因する米国経済の低迷によって、米国債の金利が低下するとともに、ドルが他通貨に対して安くなっていることから、投資先を分散する必要が議論されてきた。ドル以外の投資先の分散は為替リスクをともなうので、これまでは石油基金法で制約がかかっていたが、近年の米国経済・国際経済の動向を踏まえ見直しの議論が出ており、とりわけCNRT連立政権になって見直し論が強まっている。ドル以外の通貨への分散投資は、為替リスクの計算等、金融技術的な高い能力も必要とされるが、少なくとも東ティモール財務省はこの可能性の検討を始めている(15)。

さて、「資源の呪い」のメカニズムは、石油輸出に依存することで、交易条件が石油価格にあわせられ、その国の通貨価値が上昇し、国内の他の産業の国際競争力が失われ、ますます石油のみに依存するいびつな経済構造になるというものである。しかし、東ティモールの場合は、自国の独自通貨を有しておらず、国際通貨であるドルを通貨としている。こうした場合、「資源の呪い」のメカニズムはどのようになるのであろうか。既述したアンゴラのケースの方がむしろ典型であり、東ティモールの場合はやや特殊な応用問題である。

ドルの為替レートは、東ティモールの石油輸出の拡大が要因となって変化するわけではなく、主として米国の国内経済状況や世界経済の状況によって左右されるため、石油輸出の拡大で直ちに交易条件が悪化するわけではない。しかし、問題なのはむしろ、石油収入によって国家財政にゆとりが生まれ、さまざまな予算の「ばらまき」によって国内の資金流通量が拡大し、インフレが進行することである。現に東ティモールの場合、石油収入が拡大し、特に教育や年金、農民への補助金などの予算ばらまきが顕在化してきた現政権下の2007年以降、インフレが進行している。このことは、東ティモールで生産する物資の価格の上昇につながり、輸出競争力の低下が生じる。それでなくても東ティモールで輸出競争力を持ちうる産業を見つけることは困難であり、コーヒーやサトウキビなどこれまで輸出商品となり得た産品も、ますます国際的な価格競争力を失いつつある。

この一連のメカニズムは、東ティモール政府の政策的な対処が適切であれば回避可能なものではあるが、石油収入の拡大によって結果的に他の産業の交易条件の悪化が進行しているという現実をみると、東ティモールの場合も経済的な面では、「資源の呪い」あるいは「オランダ病」は当てはまってしまっていると言わざるをえない。

一方、東ティモールは、石油基金を設立し、石油・ガス収入を将来の世代のためにも有効に使おうという方針を、今のところ堅持している。近年、腐敗や汚職のリスクの高まりが指摘されてはいるが、今までのところ汚職や腐敗はそれほど深刻な状況には陥っていない。その点はアンゴラとの大きな違いであり、東ティモールに関しては「レント・シーキング仮説」は必ずしも当てはまらず、国内制度の違いが重要であるとの「国内制度仮説」がむしろ当てはまっているといえよう。


【註】

（1）Sachs and Warner (1995).
（2）このテーマについては、次の論文でうまく整理されており本書でも参考にした。大村（2011）。
（3）Torvik (2002).
（4）制度の条件付け効果に注目した研究として、例えば Melhum, Moene and Torvik (2006).
（5）Collier and Hoeffler (1998); Collier and Hoeffler (2004).

（6）石油と内戦の間に強い関係があると主張する研究として、Humphreys (2005). 一方で、両者の関係に懐疑的もしくは否定的な研究としては、Di John (2007); Smith (2004).
（7）ダイヤモンドと内戦の関連について、肯定的な研究としてLujala (2010); Lujala (2009). 否定的な研究としてRegan and Norton (2005) らの分析がある。
（8）アンゴラでの統計の整備は遅れており、政府による人口センサスがあるわけでもない。計画省傘下の国家統計局（ＮＳＩ）が経済統計を収集・整理・管理しているが、国家統計局はとても弱い機関である。また、世銀やＵＮＤＰがアンゴラ政府の家計調査を支援している。輸出入統計などは中央銀行が有しており、これをもとに世銀統計が作成されている。
（9）アンゴラ中央銀行へのヒアリング（２０１０年2月）。
（10）石油基金法は、東ティモール財務省のウェブ・サイトでみることができる。http://www.mof.gov.tl
（11）アルカティリ前首相へのインタビュー（２００８年2月、於ディリ）。
（12）中央銀行のウェブ・サイト。http://www.bancocentral.tl
（13）このテーマについては、次の調査研究を実施した。三菱総合研究所（２００８）。
（14）アルカティリ前首相へのインタビュー（２００８年2月、於ディリ）。
（15）ＢＰＡの設立以来、日本の財務省が世銀への信託基金を使ってその能力向上のための支援を行ってきた。

[参考文献]

青木一能（２０１１）『これがアフリカの全貌だ』かんき出版。

旭英昭（２００７）『21世紀の国づくりに立ち会って―平和構築について現場から考える』日本国際問題研究所（ＨＰより入手可能）。

稲田十一（２０１３）「アンゴラにみる紛争後復興支援の課題と教訓」、鈴木直次・野口旭編『変貌する現代国際経済』専修大学出版会、第9章。
大村啓喬（２０１１）「内戦、経済成長、天然資源―天然資源は祝福か、呪いか？」『国際政治』１６５号（開発と政治・紛争―新しい視角）。
白戸圭一（２００９）『ルポ資源大陸アフリカ―暴力が結ぶ貧困と繁栄』東洋経済新報社（２０１２年、朝日文庫）。
平野克己（２０１３）『経済大陸アフリカ』中公新書。
松本仁一（２００８）『アフリカ・レポート』岩波新書。
三菱総合研究所（２００８）「石油基金収入と東ティモールの開発の課題および展望」外務省委託『東ティモールの石油・ガス開発と経済発展の展望に関する調査研究』。
Paul Collier and Anke Hoeffler (1998), “On Economic Causes of Civil War,” *Oxford Economic Papers*, 50-4, pp.563-573.
Paul Collier and Anke Hoeffler (2004), “Greed and Grievance in Civil War,” *Oxford Economic Papers*, 56-4, pp.563-596.
Macartan Humphreys (2005), “Natural Resources, Conflict, and Conflict Resolution,” *Journal of Conflict Resolution*, 49-4, pp.508-537.
Jonathan Di John (2007), “Oil Abundance and Violent Political Conflict: A Critical Assessment,” *Journal of Development Studies*, 43-6, pp.961-986.
Päivi Lujala (2009), “Deadly Combat over Natural Resources: Gems, Petroleum, Drugs, and the Severity of Armed Civil Conflict,” *Journal of Conflict Resolution* 53-1, pp.50-71.
Päivi Lujala (2010), “The Spoils of Nature: Armed Civil Conflict and Rebel Access to Natural Resources,” *Journal of Peace Research*, 47-1, pp.1-15.
Halvor Melhum, Karl Moene and Ragnar Torvik (2006), “Institutions and the Resource Curse,” *Economic Journal* 116-508, pp.1-20.
Miko Maekawa and Atsuko Kamioka (2013), “Can Timor-Leste Escape the Resource Curse?” *Asia Journal of*

Environment and Disaster Management, Vol.5, No.4, pp.387-396.

Patrick M. Regan and Daniel Norton (2005), "Greed, Grievance, and Mobilization in Civil War," *Journal of Conflict Resolution* 49-3, pp.319-336.

Jeffrey D. Sachs and Andrew M. Warner (1995), "Natural Resources Abundance and Economic Growth," *NBER Working Paper*, No. 5398.

Benjamin Smith (2004), "Oil Wealth and Regime Survival in the Developing World," *American Journal of Political Science*, 48-2, pp.232-246.

Ragnar Torvik (2002), "Natural Resource, Rent Seeking and Welfare," *Journal of Development Economics*, 67-2, pp.455-470.

コラム② 東ティモールにとっての石油・ガスとコーヒー輸出

独立後も農業以外に主だった産業のない東ティモールにとって、石油・ガス開発からの収入は大切な収入源であるが、東ティモール海の石油・ガス開発をめぐっては諸外国のさまざまな思惑が絡んできた。1975年にインドネシアが東ティモールを併合したのち、ティモール・ギャップの石油開発に大きな関心を有するオーストラリアは、1989年にインドネシアとの間でティモール・ギャップ条約に調印し、同海域での共同開発を開始した。1991年には石油開発契約を米国系のフィリップ石油、英蘭系のロイヤルダッチシェル、オーストラリア系のウッドサイドなどと結び、1992年から採掘が始められた。

1999年8月の直接住民投票後の騒乱でインドネシアとの協定は消滅し、独立までの移行期の全権を委託されたUNTAET（国連東ティモール暫定行政機構）は、オーストラリアとの間であらたな協定を結び直し、2001年7月に、共同石油開発領域（JPDA）でのロイヤルティを東ティモール90％に対してオーストラリアが10％というティモール海協定が署名された（バユ・ウンダン油田が主）。そのほかに、JPDAの域外の東ティモール専管海域に存在する石油・ガス埋蔵地（特にグレーター・サンライズ油田）に関する議論があり、同専管海域の開発ライセンスには、中国国営石油会社ペトロチャイナや、ポルトガルの石油会社ガルプ、マレーシアの国策石油会社ペトロナスなど多くの政府系石油会社、多国籍企業が関心を寄せている。

東ティモールの国家財源の約8割が石油基金から補填されている状況であるが、東ティモールは（計画はあるものの）いまだ石油精製施設を持たず、産出された石油・ガスはパイプラインなどを通してオーストラリア側に運ばれるため、東ティモールの輸出統計には出てこない。石油・ガスに代わり、東ティモールの公式の輸出統計で最大の輸出品目はコーヒーであり、輸出総額の9割以上を占めている。

東ティモールでのコーヒー栽培の歴史は古く、16世紀のポルトガル植民地時代から欧州向けの輸出品として大規模農園で栽培が行われた。その後、1975年以降のインドネシア支配時代も重要な外貨獲得資源とされていた。主要輸出先は、アメリカ、ドイツ、ポルトガル、インドネシア等で、近年では、日本にも東ティモール産コーヒーがはいってくるようになっている。東ティモールのコーヒーはアラビカ種で、インドネシアもコーヒーの一大産地であるため競争は激しい。東ティモールのコーヒーは価格競争力で劣勢で、そのため無農薬（オーガニック）を売り物に輸出をしている。日本のNGOの支援（PARC－C がエルメラ県で実施している支援事業が代表的）によって作られたフェアトレードコーヒーも、近年、日本で流通している。

第3章 国家統合と政府のガバナンス

第1節 国家統合はいかに成し遂げられるか？

今日の国際社会のように、グローバル化が進展し、国家や国境の持つ意味が相対的に低下した時代にあっても、国際社会の基本的な単位は国家とされている。国民国家システムの中で、国家主権は不可侵のものとされ、「内政不干渉」原則が国際的な規範として依然として健在である。第二次世界大戦後、特に1950年代、60年代に多くの新興独立国が成立したが、アジア・アフリカの欧米植民地から独立したこれらの国々の国境は、旧宗主国が分割統治した人為的な境界に従って形成され、多くの国で多様な民族・部族が混在し、また国境をまたいで同じ民族・部族が分断されるケースも数多い。その意味で、第二次大戦後の旧植民地からの独立国の多くは、17世紀以来の国際社会の規範であるいわゆる「ウェストファリア体制」の中で、本来的な「国民国家」ではないにもかかわらず、そのような国として国家主権を与えられた、いわば「擬制」の上に成り立った「半人前の国家」（後述するジャクソンの用語）であったとの指摘もある(1)。

このような国の多くで、独立後に民族間の対立が生じ、民族・部族間対立は往々にして紛争の種となり、冷戦下では、こうした紛争要因が米ソ双方の介入により代理戦争の様相を呈することも多々あった。冷戦構造が解消された1990年代以降、米ソの代理戦争はなくなったが、内戦はむしろ多発し、民族・部族が国境を越えて存在する地域において、そうした根本的な矛盾が顕在化して内戦に発展したり、その内戦が国境を越えて広がるケースも多発してきた。その意味で、「国民国家システム」の擬制そのものが、今日の国家の脆弱性をもたらしてきた大きな構造的・歴史的背景であるともいえ、多くの開発途上国がいまだ「国家統合」と「国家建設」に向けたプロセスの途上にあるというのが現実である。

1－1　「エスニシティ」と国家統合

開発途上国で勃発する紛争は、しばしば民族紛争の様相を呈する。そのため、紛争をエスニシティの側面から説明しようとする議論は多い。「エスニシティ」とは「社会的・政治的に構築された言語・宗教等の文化的基準あるいは身体的特徴の基準による人々の分類」であるが(2)、それは各人の「アイデンティティ（自己認識）」とも関わり、人為的につくられることも多い。民族・部族間の紛争が多発していることを説明する一般的な議論として、次のような説明がなされている(3)。

一般的に、近代化が進むことによって、国家の全領域が国民経済に組み込まれ、行政を通じてそこに同種の社会的サービスが提供されるようになる。こうして国内の諸制度が政府のもとで一元化されるようになると、資源などの経済的な利権や主要な公的ポストなどの権力をめぐる争いだけでなく、職業や教育機会などに至るまで、政治的・経済的資源をめぐる競争が激化する。これによって生じる緊張は、複数のエスニック集団から構成され、かつ、そのエスニック集団ごとに富と権力が独占される傾向がある社会では、エスニック集団間で富と権力を奪い合うことになりやすい。そこでは、権力闘争の中で民衆を扇動・動員するような政治指導者が大きな役割を果たすことも少なくない。実際、アフリカでは多くの国で生じている現象であり、後述するルワンダで１９９４年に生じた大虐殺もこうした背景で生じた事件であるといえる。

一方、こうしたエスニシティの政治化の過程で、人々のエスニック・アイデンティティは大きく変化する。実際の社会生活において重層的に存在していたアイデンティティが、より大きな政治経済的制度に適合する包括的なエスニック・アイデンティティへと再編・統合されるのである。例えば、伝統的社会では、自分は「・・民族」であるというアイデンティティが最上位にあったのが、国家の枠組みの強化とともに自分は「・・国民」であるというアイデンティティが最上位にくるようになる、といった変化である。「エスニック集団競合理論」では、異なるエスニック集団間で資源を獲得するための競合と動員によって民族紛争が生じると見るが、近代化や国家建設の過程でそうした動員とエスニシティの変容が互いに影響しながら進展すると考えられている（4）。新たに再編されたエスニシティが資源をめぐって動員され、闘争へと発展するのが今日の民族紛争だととらえる。

他方、国家という観点から現代の紛争の特徴をとらえる議論は、「主権国家体系」の変化という側面を重視する。17世紀ヨーロッパを起源とする主権国家体系は、19世紀の欧州列強の海外進出と帝国主義の時代を経て、世界全体を覆う国際システムとなった。各国が最高主権をもって国境で区切られた領域内の諸事項を管轄し、内政不干渉を根本原則とするこのシステムは、もともと17世紀にヨーロッパを荒廃させた三十年戦争後の1648年に締結されたウェストファリア条約を起源としており、ウェストファリア体制とも呼ばれる。近代においては、主権を国民が担う「国民国家」が、主権国家のひな形となっている。

このシステムはアジア、アフリカ、ラテンアメリカ地域の植民地化とその独立を経て全世界に広がったが、その過程で当初は高いハードルが課されていた主権国家の要件が大幅に緩和され、国内統治の内実にかかわらず独立が付与されるようになった。第二次世界大戦によって国際環境が変わると、植民地体制は否定的にとらえられ、独立が促進された。植民地大国であった英仏が凋落し、代わって台頭した米ソはいずれも基本的に植民地を持たなかったため、特にソ連は、植民地解放の立場をとった。また、第二次世界大戦を経て独立したアジア諸国が国連に加盟し、植民地解放を主張した。

この結果、主権国家の内実を持たない国々が相次いで独立することとなった。国の規模、国民統合の進展、経済力など、主権国家としての存立に疑問符が付く国々が、アフリカなどに多数現れた。著名なアフリカ研究者であるジャクソンは、主権国家体系の拡大に並行して出現したこうした国家を「半人前の国家」（Quasi-State）と呼んだ（これを「準国家」と訳す場合もある）(5)。これらの国々では、大統領を中心とした一部特権階級が国家機構を利用して政治経済的な利益を独占し、汚職や人権侵害が蔓延しがちである。近代国家の体裁を取りながら、統治の実態は「パトロン・クライアント関係」に支配されたこれらの国家を、メダールは「新家産制国家」と名付けた(6)。

容易に想像できるように、こうした国々は不安定である。19世紀末のベルリン会議で列強によって恣意的に植民地への境界が区切られ、植民地期にも国民統合を進めるどころか分割統治によって社会を分断する政策が採られたため、多くの国では国民が1つの政治的共同体を構成するという意識が育っていない。実際、どの国も一国の中にいくつかの異なる民族・部族が共存していることが通常である。

しかし、内戦や紛争をエスニックな相違・対立に単純に求める議論は、あまりに粗雑である。異なる民族間には多くの場合長い共存の歴史があるし、先行研究が明らかにしてきたように、民族意識やナショナリズムは近代国家の形成と並行して創造されてきたからである。後述するように、アンゴラには多様な民族・部族が存在するが、「アンゴラ人」としての意識はポルトガルの植民地統治下でも次第に形成されてきた面があり、他方、カンボジアでは同じクメール人が多数を占めており、カンボジアの内戦は民族・部族対立ではなく、政治集団間の権力闘争であった。

1-2 国家機構と「ガバナンス」の強化

こうした国家統合や国家としての脆弱性の問題を、開発論では必ずしも正面からとらえてはこなかった。政治体制や社会のあり方は、経済開発を取り巻く環境要因ないし初期条件として経済開発論の分析の外においてきたが、こうした政治社会のあり方が開発を左右することは、実務的な観点からも否定できないことであり、こうした開発を左右する国内的な「非経済的要因」を「ガバナンス」という言葉でとらえるようになったのは、1990年代以降である（なお、国際政治的な要因は引き続き途上国の開発を左右する「外部要因」とされることが多い）。

今日、「ガバナンス」は国際開発の世界でよく使われる言葉である。この言葉が最初に登場したのは1989年で、世界銀行がアフリカ開発に関する報告書で取り上げた。80年代の構造調整の努力にもかかわらず、必ずしも経済がうまくいかず成長の軌道に乗れない多くのアフリカの開発途上国の停滞の原因として、受け入れ国側の意思決定の過程や仕組みや制度のあり方に目を向ける中で、生み出された造語である。世銀は、こうした開発を左右する政治社会的な要因を、あえて政治的要因とはいわず「ガバナンス」という言葉を使った。それは、開発のための国際機関として各国の「内政への不介入」がその設立憲章にも謳われているからである。そして、ガバナンスの要素として、行政や公共部門管理に関わる狭義の概念として使い、説明責任、透明性、予測可能な法的枠組み、公的部門の効率性や情報公開、といった点をあげている(7)。

行政能力を含めた「ガバナンス」に関する視点や考慮は、近年では各ドナーの具体的な支援政策の中に、すでに取り込まれていると言っても過言ではない。また、今日の開発におけるガバナンス面の重視は、こうした支援活動にとどまらず、「ガバナンスの主流化」とでもいえるような、開発論の大きな潮流となってきたともいえよう。こうして、国家としての能力や脆弱性は、開発論や開発の実務においても、無視し得ない大きな課題としてとらえられるようになっている。

1−3 民主的な制度構築の重要性

他方、民主化や民主制度といった要素を平和構築や援助政策の中でどうとらえるかといったきわめて政治的な問題も、検討しておくべき重要なテーマである。実際、国際社会は、民主化推進、人権尊重、法の支配の確立、公的部門の透明性・説明責任の強化、地方分権、汚職防止、軍事費削減などの広範な課題について、改善のためのさまざまな支援を行ってきた(8)。

これに関連してよく取り上げられる命題は、「民主的な社会が紛争の可能性を低下させる」というものである。国際関係論の分野では、90年代にはいって、いわゆる「デモクラティック・ピース（Democratic Peace）」論、すなわち「民主的制度を持つ国家同士は戦争をする可能性が低い」との議論が盛んになされてきた。こうした関係が成立する背景としては、ブルース・ラセットは、「多元的意思決定によって戦争に踏み切る決定が制約される可能性が高まる」からだと議論し、またシュルツは、「民主主義社会では情報公開が進んでいるため、独善的な判断での戦争決定が防止される可能性が高まる」からだと説明している(9)。

こうした「デモクラティック・ピース」論に対しては反論も多く、20世紀に限定してみると上記のようなことがいえるかもしれないが、18世紀くらいからの長期で統計的にみると、むしろ逆の歴史を示している（議会制度を持ったイギリスやフランスが主として戦争を起こしているため）、との反証もある。また、「民主的国家」同士は戦争をしないかもしれないが、民主的国家と非民主的国家の間では戦争が頻発する、との反論もある。そもそも、この命題は国家間の「伝統的な戦争」を前提にした国際システムレベルの議論であり、必ずしも今日の国際社会における紛争と民主主義体制との関係について議論したものではない。したがって、国内社会における民主化と平和（政治社会の安定、紛争の可能性の低下）との因果関係については、あらためて検討しておく必要があるだろう。すなわち、民主的制度の定着によって、政治社会を安定化させ、紛争の可能性を低下させることができるかどうか、である。

広く一般的に言えば、民主化や自由化によって、政治社会が直ちに安定するわけではない。むしろ権威主義的政治体制のもとでは、民衆の不満は強権によって抑え込まれているから、ある意味では社会は安定している（専制的体制のもとでの安定）。しかし、潜在的に大きな不満をかかえていることが多く、何かの出来事をきっかけにその不満が爆発し、暴動や反乱など激しい形でその不満が爆発することが多い。特に、専制的体制から民主化への移行期において社会が混乱する傾向がある（民主化による不安定化）、ということはよく指摘されることであり、アメリカのメリーランド大学の研究所（CIDCM）がＵＳＡＩＤ（米国国際開発庁）の委託研究で全米の主要な研究者を集めて行った実証研究でも、同様の指摘がなされている。また、近年の「アラブの春」も同様の事例を提供していると考えられる。

ただ、それは民主的政治制度が不安定化の要因となりうるということを意味するわけではなく、民主的政治体制のもとで、人々の意見が表明されるチャネルが用意され、さまざまな紛争の種が法的な手続きをへて解決されるメカニズムを備えていることが、政治的社会的安定の重要な要素となる。ある種の民主的制度は、紛争の拡大の防止にとって必要な要素であるといえよう。

カンボジアやコソヴォや東ティモールでは、紛争・内戦の終結後、国連が広義の平和維持活動としての暫定統治や暫定行政を行ったのち、複数政党制と自由選挙に基づく公正な選挙を実施し、その国を選挙で選ばれた正統的な政府のもとでの統治に移行させていくことを支援してきた。それは、こうした民主的政治制度、すなわち、その国のさまざまな社会勢力間の対立や不満を公正な制度のもとで調整するメカニズムの定着が、その国の安定の回復と平和の定着にとって不可欠であると考えられているからである。

もちろん、こうした民主的制度を定着させることはそう簡単ではない。その国の社会や歴史に根ざした文化や伝統があり、形式的な民主的制度を持ち込んだからといって、それが持続的に定着し機能するとは限らない。また、その国・社会にあった民主的制度というものもあるかもしれない。しかし、何らかの平和的な紛争解決メカニズムが、その国の社会に存在することは必要であり、そのためには、その国の人々自身による長期的な絶えざる努力が必要であろうし、またそうした努力を国際社会が支援することも大事である、というのが、国際社会のコンセンサスである。

第2節　アンゴラの国家統合

以下ではまずアンゴラを例に、その国家統合の過程やガバナンス上の課題を検討していくことにしよう。

2-1　アンゴラにおける「国民アイデンティティ」の形成

すでに前章で述べたように、アンゴラの内戦の要因として石油やダイヤモンドなどの資源の存在があるが、アンゴラも他の多くのアフリカ諸国と同様、いくつかの民族・部族からなり多様なエスニック・グループが存在する。しかし、アンゴラの内戦は必ずしも民族・部族対立という要素は強くはない。また、２００２年の和平合意後の戦後復興過程においても、他の多くのアフリカ諸国で紛争要因として典型的な部族・民族対立は、アンゴラにおいては必ずしも顕在化していない。これはなぜであろうか。

もちろん、アンゴラも、他のアフリカ諸国と同様、数多くの民族・部族から構成されている。アンゴラの民族は、オヴィンブンド人（Ovimbundu）37%、キンブンド人（Kimbundu）25%、コンゴ人13%などバントゥー系黒人諸民族が大半であるとされ、白人と黒人の混血（いわゆるムラート）が2%を占め、１%ほどポルトガル系を中心とするヨーロッパ系市民も存在し、その他が22%であるとされる（CIA World Factbook による）。なお、キンブンド人は比較的小柄であり、オヴィンブンド人はがっしりとした大柄の人が多く、そのため後者は奴隷としてアメリカ大陸に数多く連れ去られたといわれている。

しかし、他国ほど、部族間の対抗意識が強いわけでも対立関係にあるわけでもない。ＭＰＬＡの拠点のあった首都ルアンダの周辺はキンブンド人が多く、ＵＮＩＴＡの拠点のあったウアンボ（ニューリスボン）周辺はオヴィンブンド人が多いが、今日、政府の重要ポス

図３－１　アンゴラの諸民族・部族の地理分布

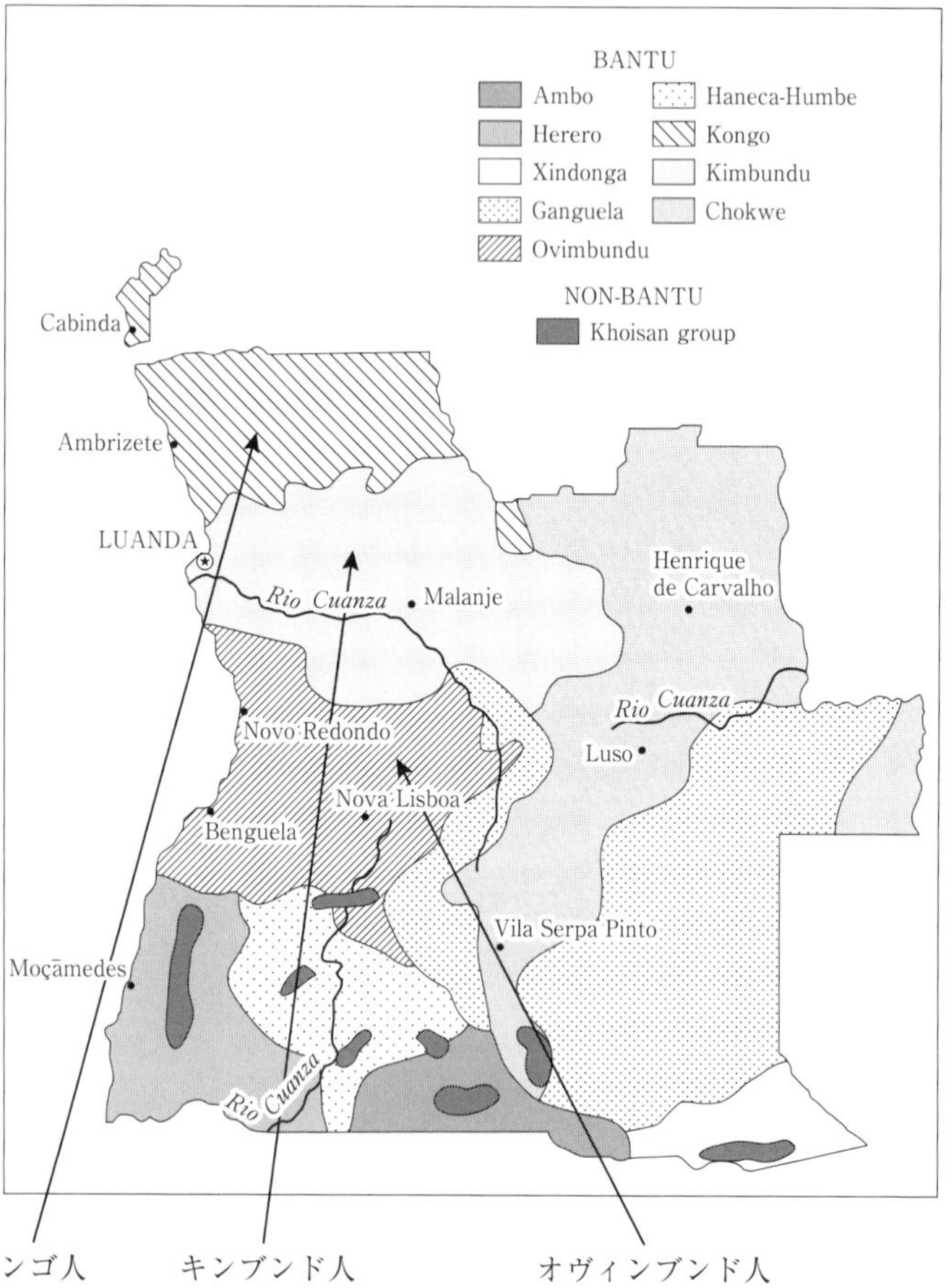

出所：「ウィキペディア」アンゴラの民族より作成。

トについているアンゴラ人は、オヴィンブンド人とキンブンド人のいずれも混在しており、旧ＵＮＩＴＡの重要ポストにあった者も、新政権の中で重要ポストについている場合もある。筆者をはじめアンゴラ調査チームが現地で大変お世話になった当時のウアンボ州知事であるマルンゴ氏も、内戦中はＵＮＩＴＡの幹部であったが、和平後、アンゴラ新政権の中で重要ポストを歴任してきた人物であった（知事の前は駐日アンゴラ大使）。また、２００９年時点で、隣のビエ州の知事はマルンゴ氏の従姉妹がなっており、同じく旧ＵＮＩＴＡ側の幹部であったと推測される。なお、和平協定（ルサカ合意）でアンゴラの内陸のいくつかの州については、旧ＵＮＩＴＡの幹部を知事ないし副知事にするとの約束があったともいわれている。また、高級官僚として活躍しているポルトガル系の人々も少なくなく、民族・部族対立が根強く残存しているとはいえない。

その理由としては、以下のようないくつかの要因・背景が考えられる。

まず、何といっても、ポルトガルの植民地統治期間が、他のイギリスやフランスの植民地よりもかなり長いことである。ポルトガルは、１４８５年に当時存在していたコンゴ王国とポルトガル王国の間で国交を結び、その後コンゴ王国ではポルトガルの文化やキリスト教を取り入れていった。ポルトガルが実質的にアンゴラを征服したのは１６４８年であり、法的には１６６１年にポルトガルとオランダとの間で結ばれたハーグ講和条約でアンゴラの領有が国際的に認められている。それ以来、ポルトガルによるアンゴラの支配は、３００年以上も続いたことになり、多くが19世紀に植民地化されたイギリスやフランスの植民地と比べると、大きな違いである。

ポルトガル文化のもとでの植民地統治が1975年まで比較的長く続いたことで、アンゴラとしての一体性が比較的長期間保たれた。また、周辺地域がフランスやイギリス植民地となったことから、そうした周辺諸国と異なるポルトガル植民地としての（ポルトガル語やカトリックの普及といった）独特の特徴を持つ国としての一体的アイデンティティの熟成がある程度はなされたと考えられる。

また、アフリカの多くの地域では国境はきわめて人為的であることが多く、国境をまたいで同じ部族が住んでおり、その意味ではアンゴラも例外ではない。しかし、ポルトガルの統治下でポルトガル語はある程度は公用語として使われ、フランス語や英語を使う周辺地域とポルトガル語を使うアンゴラとは、言語の点で明確に分けられ、そのことは部族としてのアイデンティティが相対的に弱まり、アンゴラ人としてのアイデンティティの形成が相対的には進むことにつながったということもいえよう。例えば、国境をまたいで両側に住む同じ部族でも、アンゴラ側ではポルトガル語が普及しコンゴ側ではフランス語が普及し、時とともに異なる「国民」としてのアイデンティティが強まっていくといった現象である。2001年の推計によれば、15歳以上の国民のポルトガル語での識字率は67・4％（男性：82・9％女性：54・2％）であり、この数値はかなり高いといえる(10)。

また、27年にも及ぶ内戦において、主として海側を支配したMPLAと内陸を支配したUNITAとの対立は、部族的な対立では必ずしもなかった。もちろんMPLAにキンブンド人が多く、UNITAにオヴィンブンド人が多いとはいえるが、いずれの組織も民族・部族は雑多で混在しており、内戦は部族対立ではなく、資源や利権・権力をめぐる組織間の対立であった。アンゴラ内戦は、特にMPLAが社会主義を理念として掲げソ連やキューバが本格的な支援をしたことと相まって、東西冷戦下でのイデオロギー的な対立の様相を色濃く呈することになり、こうしたイデオロギー的な紛争の要素が相対的に強いことは、他のアフリカの紛争が、イデオロギーを看板に掲げながらも実質的には民族・部族に基づくパトロン・クライアント関係を基盤とする紛争である場合が多いのとは、かなり性格を異にする(11)。長年に及ぶ内戦は、必ずしも部族間のエスニシティに基づく対立意識を強めたわけではないと解釈することができる。

また、長年のMPLAの統治を通じて、政府支配層の間に社会主義的イデオロギーが比較的浸透しており、それは功罪両面の影響を持つものの、その肯定的な側面の1つとして、社会主義的イデオロギーのもとでは部族・民族を分け隔てなく扱うことがあげられる（また、ある意味では男女の分け隔ても比較的少ない）。その意味では、アンゴラは、アフリカの社会の中では、相対的に近代的思想が普及している国である。また、ポルトガル統治下でカトリックが普及したことも、証明は難しいが、そうした近代的な思想の普及に少なからず影響を与えたのかもしれない。

2－2　アンゴラの国家機構と開発計画

アンゴラの国家機構自体は、公務員制度の公平性や透明性に欠けるなど民主的ではないかもしれないが、組織的には強固である。また、アンゴラは国名に社会主義の名を冠しており、与党MPLAも社会主義政党であるが、2002年の選挙に際して、党綱領からは社会主義に基づく国家建設というイデオロギー的な文言は取り下げている。しかし、アンゴラの国家制度や行政のあり方には、社会主義的な中央政府の強い権限が色濃く残っている。

アンゴラにおける開発計画づくりは計画省が担っており、財務省は予算を担当している。ライン省庁ごとに開発計画を作成しているが、その詳細が公開され国民の目にふれたりすることはない。もっとも、財務省は、世銀など国際ドナーと密接な関係を持っており、アンゴラの省庁の中では比較的透明性が高い省の1つであり、国家歳入や支出、予算などはそのホームページなどでも公開されるようになっている。なお、財務省ビルは中国からの無償援助でつくられた立派なビルである（写真3－1参照）。

また、アンゴラは、近年多くの途上国で進んできた国際的な援助協調の動きとは最もはずれた国の1つである。

アンゴラでは、内戦終了直後の2002年8月に、国際社会からの支援を受けるための手

写真３－１　中国の援助で建設された財務省ビル（2009年５月）

続として、ＰＲＳＰ（貧困削減戦略報告書）の暫定版に相当するものが世界銀行に提出された。しかし、その後長らく包括的なＰＲＳＰといったものは作成されず、主要ドナーがＰＲＳＰに基づいてそれぞれの支援を策定していくという、他の多くの途上国で採用されるようになってきた援助協調のシステムは、アンゴラにおいては成立していない[12]。２００２年にＰＲＳＰの暫定版といったものが作成され世銀に提出されたのは、当時はアンゴラ政府が、その復興資金の調達のために世銀をはじめとする国際援助コミュニティに対し弱い立場にあったためである。その後、こうした国際援助コミュニティと一線を画する中国の支援が本格化するにつれ、世銀をはじめ欧米を中心とするドナーのルールに縛られる必要がなくなり、そうした国際的に透明性の高い形での開発計画づくりのプロセスを放棄したものと考えられている。

それにかわり、近年では、２００９－２０１３年のセクターごとの５カ年計画が策定され、閣議の承認を得て

写真３－２　植民地時代の建物にあるアンゴラ開発銀行（2009 年５月）

いる。しかし、こうした開発計画の詳細は、政府および関連省庁の上層部のみで共有され、国民に対してあるいは対外的に公表されてはおらず、開発計画や予算配分・決定プロセスに関する透明性はきわめて低く、説明責任は軽視されているのが現状である。２００８－２０１０年のアンゴラでの調査でも、各分野の政府の開発計画の情報を得るに際しては、大変苦労した。また、大臣が変わると、開発計画や開発事業の優先順位が変わるのは、むしろ通常のことである。

もっとも、２０１０年2月に、アンゴラ貧困削減戦略報告書の改訂版が発表され、そこでは、国民生活の改善、健全な政府の統治機構、マクロ経済の安定化、市民に対する公共サービスの確実な普及が掲げられている。この時期になってＰＲＳＰの改訂版が出されたのは、中国への過度の依存に対して、国際援助コミュニティへの歩み寄りを示すことによってバランスを取る方向へと変化してきたと解釈することもできる。実際、２００９年には、アンゴラはＩＭＦの財政援助プログラム（ＳＢＡ）に署名し、あわせて財政・金融の規律を高めることを目標とした。そのため、２０１１年には税制改革、債務管理体制、石油部門の収支管理等の強化に取り組み始めた。

他方、予算の執行能力も懸念材料である。予算執行について、計画、執行、モニタリング・評価という三段階を考えたときに、社会主義的な国家建設の経験があることから、計画策定の面ではさして問題はないが、現時点では執行およびモニタリング・評価には大きな課題がある。予算を割り当ててもそれを執行できないという問題が生じているうえ、モニタリング・評価の能力がないため、透明性を確保できないという問題がある。その際、中央政府と地方政府の２つのレベルを考える必要がある。このうち特に懸念されるのは地方政府である。

中央政府の予算執行や調達に関する透明性・説明責任も十分だとはいえない。そもそも説明責任というものがどういうものなのかということがこの国では十分に理解されていないとの指摘も、特にドナー・コミュニティの間では広まっている。近年、予算計画は公開されるようになったが、予算執行の結果の詳細は公表されていない。ただし、アンゴラ政府の中では、財務省は透明性の拡大（例えば財政収支・海外からのクレジット等についての公表）など、いろいろな努力は行っており、とりわけ世銀はこうした財務省を中心とする公共財政管理能力の強化のための技術支援に力をいれている。

中央政府レベルにしても、地方政府レベルにしても、行政能力（キャパシティ）不足はどの分野でもみられる問題であるため、いかなるプロジェクトにしても必ず能力強化（キャパシティ・ビルディング）のコンポーネントを入れることが肝要であるとの見解が、アンゴラ政府の能力強化に注力しているＵＮＤＰから出されてもいた。アンゴラにおける現地調査に際しての個人的な印象としては、アンゴラの各省庁のトップ・レベルの担当者はいずれもかなり優秀である印象を受けたが、そうした人材は一握りであり、能力を持った人材の不足のため、行政組織としてはどの省庁も機能していないとされ、能力強化とその支援はいずれにせよ不可欠である。

２−３　腐敗・汚職と課題の残る投資環境

また、アンゴラにとって、またアンゴラに支援をするドナーにとって、開発を進める上でのガバナンス能力は大きな課題である。特に汚職・腐敗については、国際ＮＧＯ（Transparency International）の報告書の評価では、アンゴラの点数はかなり悪い。

図３−２は、２００３年から２０１１年までの汚職認識度（Corruption Perceptions Index：CPI）の数値を、アンゴラのほか本書で取り上げているルワンダ、カンボジア、東ティモールを含めて、その時系列変化をみたものである。ＣＰＩの点は１・０から９・９までの数値であり、点数が低いほど悪いことを意味する。アンゴラは２００３年の数値で

図３－２　TIの汚職認識度（CPI）の推移

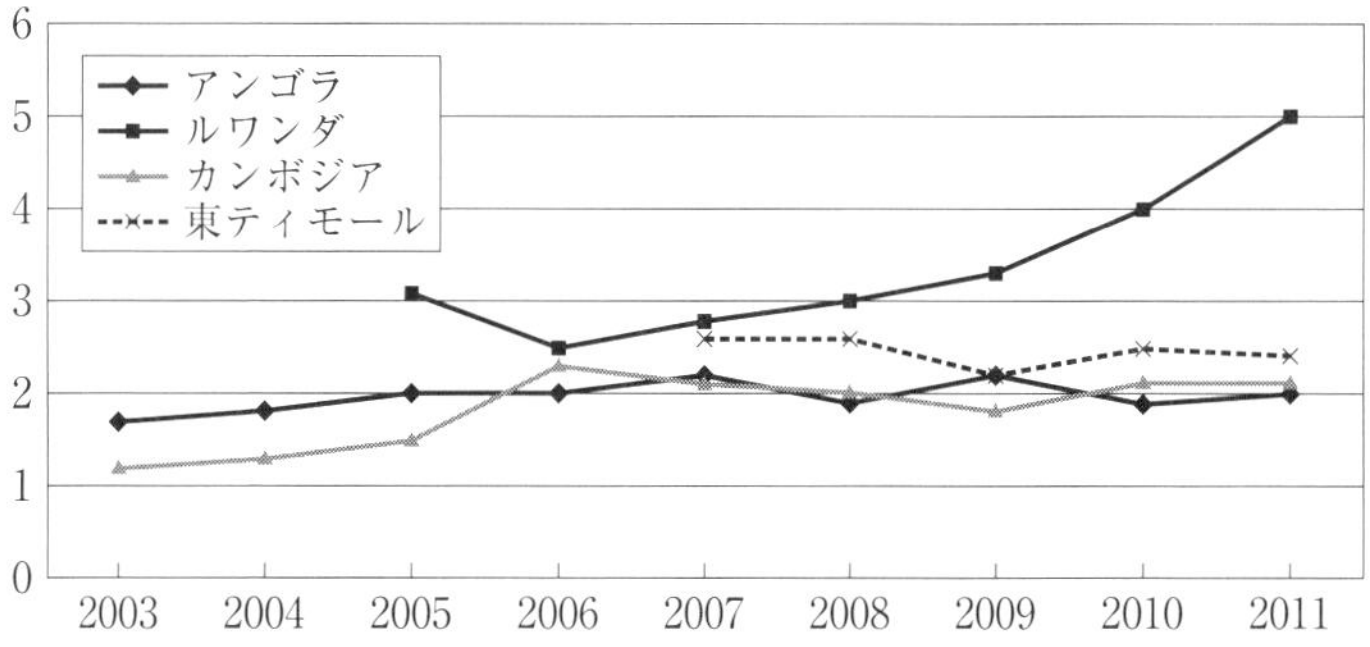

出所：TIのCPI報告書各年版より筆者作成。

１・７であり、その後少しずつ改善し２００７年には２・２になったが、その後は停滞ないし悪化して２０１１年では２・０に下がり、世界１７４カ国の中で悪い方から数えて13番目であった。

　こうしたアンゴラのガバナンス上の課題は、アンゴラでビジネスをしようとする企業にとっても大きな頭痛の種である。世銀グループの国際機関の１つであるＩＦＣ（国際金融公社）は毎年「Doing Business」という報告書を出して、その国で企業活動をしようとする際の制度的な制約や課題に関して世界各国それぞれについて点数を付けている。

　表３－１は、アンゴラに関する評価（各項目に関して世界の中での順位）を整理したものであり、世界順位なので数字が大きいほど劣悪であることを意味している。「ビジネスの開始」「国境を超えた取引」「契約の遵守」「ビジネスの撤退」等についてきわめて悪い評価であり、「建設許可への対処」「財産権の登録」「資

表3－1　アンゴラの投資環境指標（世界順位）

	2008	2013
「ビジネスの開始」	170	171
「建設許可への対処」	146	124
「財産権の登録」	161	131
「資金の調達」	83	129
「投資家の保護」	46	70
「税金の支払」	142	154
「国境を超えた取引」	146	164
「契約の遵守」	133	183
「ビジネスの撤退」	149	162
「労働者の雇用」	167	n.a.
「電力の確保」	n.a.	113
「ビジネスのしやすさ順位」（総合順位）	156	172

出所：IFC, *Doing Business*, 2008, 2013より作成。

金の調達」「税金の支払」に関してもけっして良いとはいえない。特に問題なのは、「資金の調達」「投資家の保護」「国境を超えた取引」「契約の遵守」について、この5年間の間にむしろ悪化しているという趨勢である。

実際、現地で活動している日本企業（商社やコンサルタント会社等）へのヒアリング（2009－10年時点）では、必要な物資の輸入に際し港・税関で2－3カ月滞留するのは当たり前で、時にはどういう状況なのかの情報すらない、通関を円滑に進めるには時には賄賂を要求されることもある、とのことであった。近年、アンゴラ政府は投資環境の改善に取り組んでいることは事実であるが、まだまだ課題は多いと言わざるを得ないのが

写真３－３　ルアンダ市内を巡回する警察（2010年９月）

現状である。

写真３－３は、市内を巡回する武装警察であり、こうした警察の存在により治安は比較的安定している。その一方、交通違反の取り締まりにともなう賄賂は常態化している。２０１０年の初めに、シートベルトの不着用（助手席を含む）の罰金は８００ドルとされた。筆者が空港で到着直後、迎えの車に乗ってシートベルトをする間もなくわずか50メートル程度進んだところで警察に止められ、違反だとして罰金を要求されたが、運転手との交渉の末、15ドル程度のお金を警官に渡すことで放免された。また、調査で地方に行く際、ルアンダから２時間程度行ったところで警察の検問に引っ掛かり、運転手の免許証の有効期限が切れており、違反だとされたが、そこから警官に渡す金額の交渉が始まった。先方は２００ドル位で見逃すといったが運転手はそんなに現金を持っていないということで15分ばかり値切った挙げ句、50ドル程度で放免してもらったということもあった（当然な

写真３－４　旧総督府にある大統領府（2008年10月）

がらこの運転手は目的地到着後交代してもらった）。警官の給料は少なく、交通違反の取り締まりは、警官の最も典型的な副収入源となっているのが実情である。

写真３－４は大統領府であり、植民地時代の総督府の建物を使っている。警備に当たるアンゴラの兵隊はいかにも屈強であった。なお、２００９年に１週間以上にわたって地方の奥地まで運転してくれたレンタカーの運転手は、かつてＵＮＩＴＡの兵士としてこのあたりで戦っていたと言って、興奮しながらその頃の話をしてくれたのが、今でも強い印象として残っている。

第３節　ルワンダとの比較検討

ルワンダというと、１９９４年に生じた「フツ」による「ツチ」の大虐殺事件を思い起こす人が少なくないであろう。筆者は、２０１３年3月にはじめてルワンダを調査で訪問する機会を得ることができたが、今日のルワンダはきわめて安定しており、また治安もよい。後述するように世銀や英国国際開発省（ＤｆＩＤ）や欧州連合（ＥＵ）などの国際社会の支援を受けて、きわめてしっかりした政府を持ち、その開発計画や予算執行はきわめて透明性のある民主的な制度のもとで進められている。そのため、ガバナンス面での優等生でもあり、世銀から「グッド・プラクティス」国として取り上げられている。

アンゴラとルワンダはサハラ以南アフリカに位置する同じ「紛争経験国」であるにもかかわらず、この大きな違いはどこからくるのであろうか、というのがこの節の最大の論点である。

3-1　ジェノサイド後の国家再建と改革の動向

ルワンダは、アフリカの中央部に位置する人口約１１００万人の国であり、人口規模ではアンゴラと大きな違いはないが、ルワンダにはアンゴラのような豊富な天然資源はない。主要な輸出商品はコーヒーや紅茶などであり（ちなみにルワンダ人は基本的にコーヒーをあまり飲まない）、依然として貧しい農業を中心とする国である。長期の開発ビジョンでは人材や英語とフランス語の両方を話せる語学等を生かしてＩＣＴ（情報通信技術）産業に力を入れるとしているが(13)、それは時間のかかるプロセスであろう。

（1）エスニック対立の国家としての歴史的背景

まず、ルワンダの国家としての歴史を振り返ってみよう(14)。

15世紀頃にルワンダ王国が成立したが、1899年にドイツ領東アフリカの一部に併合された。「ツチ」族と「フツ」族の対立が1994年の虐殺の原因であるとされるが、両者の区別はあったがもともと対立があったわけではなく、「ツチ」「フツ」としてのアイデンティティは希薄であったともいわれている。第一次世界大戦終了後、ドイツがルワンダと隣国ブルンジから撤退し、代わってベルギーがこれらの地域を占領した。ドイツとベルギーは、少数派であるが支配階級であったツチを優遇して間接統治を実施し、ベルギーの統治下で、部族名を記載した身分証明書制度が確立され、支配階級のツチと被支配階級のフツという構造が固定化されたと言われている。

第二次世界大戦後、ベルギーは政策を転換して、少数派ツチの支配から多数派フツ政権への移行を指向するようになった。そうした中で1959年にフツとツチが衝突する騒乱が発生し、多くの少数派住民ツチが虐殺された。1960年に実施された初の地方選挙も翌年に実施された下院選挙でも、多数派であるフツ労働党が圧勝した。1962年7月にルワンダが共和国として独立したのちも、多数派のフツ中心の支配体制が続いたが、1972年にハビャリマナが大統領に就任し、ツチ融和姿勢を取るようになった。

両者の対立が再び顕在化するのは80年代後半以降である。1986年に、隣国ウガンダ

（ウガンダではツチ系民族が多数派）に居住するツチ難民を中心としてルワンダ愛国戦線(Rwanda Patriotic Front：RPF）が結成され、ＲＰＦはウガンダ軍による間接的な支援を受け、１９９０年にルワンダへ侵攻した。フランスからの軍事援助を受けていたルワンダ政府はＲＰＦに対抗するが、ＲＰＦは一部の地域を勢力下に置いた。１９９２年にルワンダ政府とＲＰＦは和平交渉を開始し、１９９３年8月にアルーシャ和平協定が調印されたが、その後もアルーシャ協定は履行されない状態が続いた。一方、フツ至上主義者による反ツチのプロパガンダは加速していた。

１９９4年4月、ルワンダのハビャリマナ大統領とブルンジのヌタリャミア大統領（両方ともフツ）が搭乗している航空機がキガリ空港着陸寸前に撃墜された。その直後にフツ急進派が政権を掌握し、組織的に軍と民兵組織を使って反政府勢力の要人やツチ一般国民に対する虐殺を決行した。同時にフツ急進派の政府とＲＰＦの間で戦闘が展開され、内戦が再発した。こうした混乱の中で、２カ月ほどの間に80万人から１００万人程度が犠牲になったとされている。フツによるツチの虐殺が続いた一方で、ＲＰＦが制圧した地域ではツチによるフツへの報復活動が行われ、民兵や政府軍兵士を含むフツ難民が発生し、ザイール（現コンゴ民主共和国）など周辺諸国へ向けて、２００万以上の難民と１５０万人以上の国内避難民が発生した(15)。

94年6月にフランスおよび仏語圏アフリカ諸国が中心の多国籍軍が介入し、並行してフ

写真３－５　ルワンダ議会ビルに残された内戦の傷跡（キガリ，2013年３月）

ツを中心とした政府軍はザイールへ向けて敗走状態となり、同年7月にRPFが権力を掌握した。その後、今日までツチ主体の政権が続いており、現在のポール・カガメ大統領もツチであるが、フツとの融和を前提に国家の再建に取り組んできた。現在では治安も安定し、国際社会との関係も良好である。アンゴラと違って長期の内戦でインフラが破壊されたわけではないので、首都では物理的な意味での内戦の傷跡を目にすることは少ないが、内戦の記憶を薄れさせないために、議会ビルをめぐる攻防の際の砲弾・銃弾の傷跡を意図的に残している場所がある（写真３－５）。

（2）マクロ経済の動向と開発計画

ルワンダは、約100万人が犠牲になったといわれる1994年の大虐殺以来、国の再建にむけて多大な努力を行ってきた。また、国際社会もルワンダ政府のこうした努力を積極的に支援してきた。

図3－3　ルワンダの貧困率の推移（％）

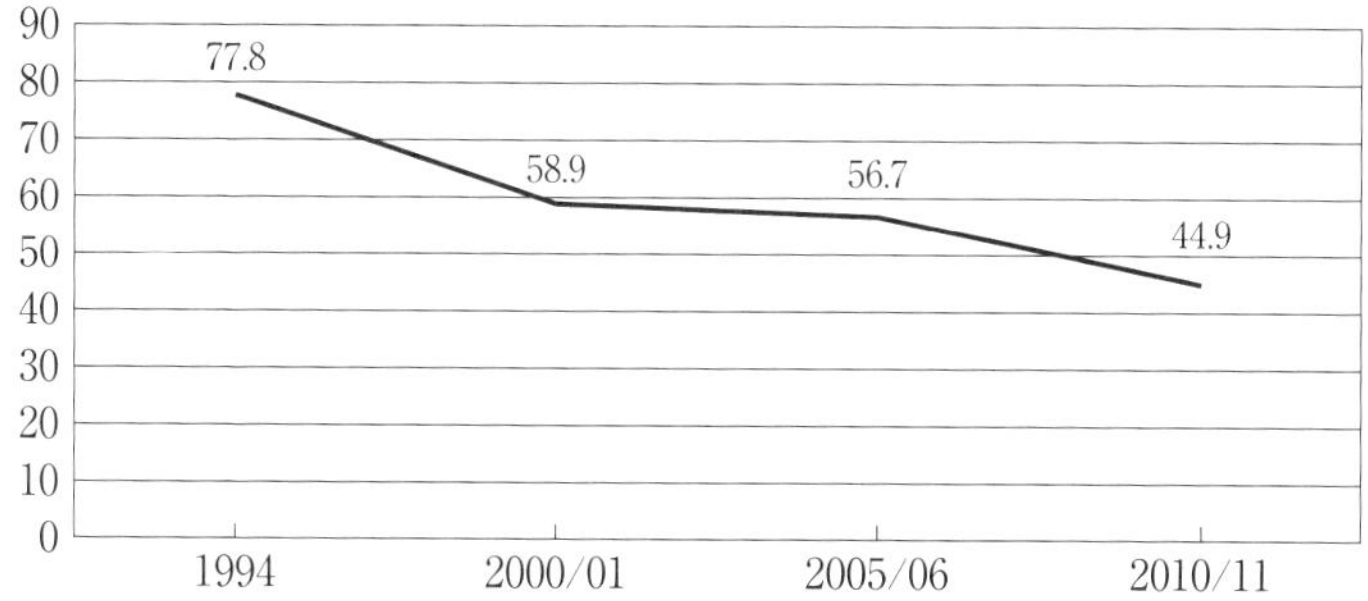

出所：National Institute of Statistics of Rwanda, *Statistical Year Book 2012*, p.11, より作成。

ルワンダの人口は、1999年時点で、約750万人で、2012年時点で約1100万人まで増加し、年平均の人口増加率は約2・9％である。その一方、1995年から2008年までの経済成長率（GDP実質成長率）は年間平均8・6％であり、その後も、2009年6・2％、2010年7・2％、2011年8・6％とされており、引き続き着実に成長している[16]。1人あたりGDPも、1994年の152ドルから2008年には465ドルとなり[17]、さらに2012年には644ドルに達し、依然として低所得国ではあるものの、急速な改善を見せてきた。また、MDGs（ミレニアム開発目標）の重要指標である貧困率（1日1・25ドル未満で生活する人々の割合）は、図3－3で示されるように、1994年の77・8％から2010／11年度には44・9％まで低下した。

次に、1994年の大虐殺以降の国家の再建過程における開発計画の進展を、以下で整理しておこう。

２０００年７月に、20年後の経済達成目標を定める「VISION2020」を発表した。そこでは、マクロ経済の安定を図るとともに、資源の乏しいルワンダの経済発展の重点として、農業基盤の経済から知識基盤の経済への変革をめざすことが謳われている。かつてはフランス語圏で近年は英語を公用語としていることから、英仏語の両方が使え、また大湖地域の中心的なロケーションも生かして、将来的にはシンガポールのような情報通信や金融サービスの拠点としたいとの夢を描いている。

世銀をはじめ国際開発援助コミュニティとの関係も密接であり、この点はアンゴラとはきわめて対照的である。２００２年には、初の「貧困削減戦略報告書」の完全版（F-PRSP）が策定され、２００７年には、第2次世代ＰＲＳＰとなる「経済開発貧困削減戦略（EDPRS）２００８－２０１２」を策定した。さらに２０１３年には、次の5カ年計画である「経済開発貧困削減戦略・第2フェーズ（EDPRS II）」の策定作業が進められている。

(3) 国内行政改革への取組み

ルワンダでは、カガメ大統領の強力なリーダーシップのもと、国内行政機構の改革が進められており、その進展は以下の３つの段階にわけられる。

① ２０００年頃―特に地方への分権化を促進。ジェノサイドの経験を踏まえ、地方ごとの参加を促進することが国の安定に不可欠との認識のもとに実施。それ以前の12県・２５０

郡を106郡に行政統合。地方行政の長を住民の投票・選挙によって選ぶ制度に改革。

② 2005－06年頃―さらなる行政改革進行。地方行政は12の県を4県と首都に、また106郡を30郡に統合した。それにより、財源・人材を有効活用し、地方行政基盤強化をめざした。また、公務員採用にあたって「業績契約（Performance Contracts）」を結び、業務の成果を基に昇任や給与を決定する仕組みを導入した。

③ 2010－11年頃―さらなる改革の推進。例えば、歳入改革、オンブズマン事務所の設立、調達事務所の設立等、ガバナンス分野で多くの改革がなされてきた。

分権化については、2001年に国家分権政策が導入され、2006年に財政金融分権化政策（FFDP）が採用された。2010年には、このFFDPを実施するためのルワンダ財政分権化戦略（FDS）が策定された(18)。

このような急速で大幅な行政・ガバナンス改革の推進にあたって、カガメ大統領が果たしてきた政治的なリーダーシップの役割はきわめて大きい。予算の戦略的な配分や方針決定など、上からの指示で動いている面が強い。カガメ大統領個人だけではなく、その周辺にもカガメ大統領の意を酌んだ幹部がそれぞれにリーダーシップを発揮している。汚職や腐敗が少ないのは、そうした人々が国づくりに注力しているためであり、私腹を肥やすといった強権的な体制ではないとの指摘もある(19)。

また、治安対策にも力を入れ、国の安定をもたらしていると評価されている。図3－2の汚職認識度の国際比較の図で示されているように、ルワンダでは、他の紛争後の国々と比べて汚職・腐敗がきわめて少なくなっている。警察が交通取り締まりで賄賂を要求するようなことは、アンゴラやカンボジアでは日常茶飯事であるが、ルワンダではそうした経験はしたことがない。カガメ大統領の強力な指導のもとで、クリーンな政治をめざしていることの反映だといえよう。

その一方で、「内戦後ルワンダの国家建設は、紛争に勝利したRPFが、軍事的影響力を源泉として、自らが主導する政治秩序を制度化する過程であった。国際社会はそこに関与し、資源を提供したが、権威主義的な傾向に歯止めをかけることはできていない。」との指摘もある(20)。

3−2 国際社会の支援と援助協調の進展

このように、ルワンダは、1994年のジェノサイド後、国家機構の再建に注力し、急速に制度改革を進め、経済発展を遂げてきた。しかし、依然として、国家財政の半分近くを国際社会からの援助に依存している。その中で、ルワンダ政府主導の援助の調和化、具体的には国際社会のドナーによる援助の役割分担と財政支援を進めており、行財政改革とその分野の能力向上は、こうしたルワンダ政府の方向性と密接不可分の関係にある。

ルワンダは、アンゴラと対照的に（錫などはあるものの）天然資源には必ずしも恵まれず、

（コーヒーや紅茶を輸出しているものの）目立った競争力のある産業もないことから、国家財政は、国際社会からの支援に大きく依存している。税収自体は拡大しており、国家予算に占める自国の歳入の比率は拡大してきているが、2010年度においてもその比率は66％にとどまっており（それ以外に予算外の外国援助もある）、依然として徴税の基盤は脆弱と言わざるをえない。2010年度の税収の内訳は、直接税の比率が39％、間接税の比率が53％、貿易取引税が8％である。特に、中・高所得層の所得税はいまだ十分には捕捉されていないとされる(21)。

こうした状況の中、ルワンダは国の規模が小さく効果が出やすいこと、政府が熱心であることなどから、援助協調のモデル国としてさまざまな先進的な取組みを実施してきた。

2006年には「ルワンダODA政策」を発表し、そこでは、援助モダリティとして財政支援を優先（一般財政支援－セクター財政支援－バスケット・ファンド－プロジェクトの順で優先）するとしている。その一方の側面として、ルワンダの熱心な公共財政管理（PFM）への取組みがあり、財政支援に対応するルワンダ側の受け皿として、公共財政管理をしっかりしておく必要があるとの認識である。

2010年9月に、「ルワンダでの役割分担」という政府文書が策定され、援助効果・効率向上の観点よりドナーの役割分担を積極的に推進している。14の開発セクターごとに開催されているセクター・ワーキング・グループ（SWG）がある(22)。

国際社会のドナーでこうした援助協調と財政支援に熱心かつ協力的なのは、世銀、英国（国際開発省：ＤｆＩＤ）、アフリカ開発銀行（ＡｆＤＢ）、欧州連合（ＥＵ）などである。それに対し、日本や米国（国際開発庁：ＵＳＡＩＤ）は、二国間の直接支援を重視するそれぞれの援助方式のあり方などの理由により、そうした財政支援型の支援には消極的である。

また、国際社会からの支援は、国家予算として計上されている（これをオン・バジェットという）支援のほか、予算内に集計されていない予算外（これをオフ・バジェットという）のものがある。贈与（グラント）と融資（ローン）をあわせた予算内に集計された支援の国・機関別内訳をみると、上位のドナーは、世界銀行（２０１０年度予算で21％のシェア）、ＥＵ（同16％）、ＤｆＩＤ（同16％）等であり、これらは財政支援型の支援の主要拠出国・機関である。世銀は融資も提供している。そのほか、ＡＵ（アフリカ連合）が展開するＰＫＯの予算も計上されている。日本（ＪＩＣＡ等）の支援は、プロジェクト・ベースの支援であるため、予算外の支援として計算されている。予算内に組み込まれた援助とそうでない予算外の援助をあわせてとった統計では、２０１１年度の主要援助国・機関は、上位から順に、世銀、米国、英国、ＡｆＤＢ、ＥＵの順になっており、日本は、二国間援助国としては、米・英・ベルギー・オランダ・ドイツに次ぐ第6番目のドナーとなっている(23)。

ルワンダの行財政改革への取組みは熱心であり、支援を主導してきた世銀など主要ドナーの間でも、その進展は「グッド・プラクティス」であるとの評価は高い。ルワンダの援助協調と行財政改革への取組みは、途上国主導（強いオーナーシップがある）という点、財政支援やセクターワイド・アプローチがきわめて進んでいる点で、世界的にみても最も「先進的」な例であり、それを可能としている背景として、次のような点があげられよう。

①　その「成功」の要因として誰もが指摘するのが、何よりもカガメ大統領をはじめとするルワンダ自身の強い政治的リーダーシップである。

②　１９９４年のジェノサイド以降、国際社会が大虐殺をとめることができなかったというある種の贖罪意識もあって、援助ドナー側でもルワンダ政府の機能と能力を強化しつつ、援助をしていこうという協調的な姿勢が強いこと。こうした方向性を、援助協調を重視しながら世銀やＤｆＩＤやＥＵが積極的に主導してきたこと。

③　ルワンダに目立った資源がなく、当面の間、国際ドナーの援助に依存しながら経済発展をめざすというのが基本的方向性であり、そのためには行財政改革と能力向上が不可欠であること。

④　ルワンダが比較的小さな国で、国の再建に包括的に取り組んでおり、こうした援助モデルの「実験」が可能なこと。また、こうした方向にむけた政治的リーダーシップに変化がないこと。

等が背景要因として指摘できると考えられる。

3-3　アンゴラとルワンダの比較から得られる教訓

以上で述べてきたように、アンゴラとルワンダは、同じアフリカの紛争経験国といっても、多くの点できわめて対照的である。

（1）まず、紛争の性格そのものが大きく異なる。ルワンダの内戦は「ツチ」と「フツ」のエスニックな対立が原因であることが明白であるが、アンゴラの紛争は部族・民族間の対立があまりみられない。政府上層部を中核とする、いわゆる「パトロン・クライアント関係」はみられるが、それは他の多くのアフリカ諸国にみられるような部族・民族を基盤としたものでは必ずしもない。アンゴラでは、ＵＮＩＴＡがＭＰＬＡに投降し、内戦が終結したのち、ＵＮＩＴＡの主要な政治リーダーの中にはＭＰＬＡの現政権下で引き続き政治力を保っているものも少なくなく、そうしたことが可能なのは、アンゴラの内戦が異なる部族・民族間の対立、異なる宗教・文化を持つ集団間の対立では必ずしもなかったことと関係している。

アンゴラの場合は、断続的ではあるが27年の長期にわたって内戦が続き、その結果、インフラの破壊の度合いも大きく、残存地雷の影響も大きい。一方で、ルワンダの内戦は１９９４年の大虐殺はあまりにも有名で、短期間に１００万人を超える人々が虐殺された悲惨な事件であったが、逆に言えば、内戦がきわめて短期間で終結した。インフラの破壊は限定的であり、残存地雷の被害もほとんど存在しない。アンゴラの紛争は物理的に大きな傷跡を残し、ルワンダの紛争は社会や民族間の意識に大きな傷跡を残したといえ、その意味でも対照的である。

（2）また、国づくりのプロセスと周辺国との関係も対照的である。ルワンダのツチとフツは、ルワンダの周辺国であるウガンダやブルンジやコンゴ民主共和国にも同じ部族が存在し、ウガンダやコンゴ民主共和国にはツチあるいはツチと類似する部族が多数居住し、ブルンジではフツが多数派として存在することから、ルワンダのエスニックな対立は容易に隣国に波及する素地を有している。そもそも、これらの国の国境は19世紀後半から末にかけて人為的に引かれ、国民国家としてのアイデンティティ形成の歴史は短い。

それに対して、アンゴラは、ポルトガル植民地としての時期が比較的長く、それは内戦の要因・経緯や、その後の国民国家意識の形成に、特徴的な影響を与えている。つまり、17世紀にポルトガル領になって以来、1975年まで300年以上にわたってポルトガル植民地あるいは海外州として存在したことは、アンゴラの国家としてのある種の一体性を高めた面がある。そうした比較的長いポルトガル植民地としての経験に加え、共通語としてのポルトガル語や共通文化としてのカトリックの普及などは、むしろ周辺諸国とは異質な面があり逆に国民統合に貢献した可能性もある。長い内戦下で、多くの海外勢力が介入したにもかかわらず、MPLAとUNITAという二大アンゴラ勢力は継続的に存在し続けた。結果的に

ＭＰＬＡが勝利したが、ある意味でのアンゴラ人の「オーナーシップ」は今日に至るまで強く保持されている。内戦終了後は、同じアンゴラ国民としてあるいはアンゴラを率いる政治勢力として、国民統合が比較的保たれていることは、他のアフリカの内戦経験国とは異なった興味深い特徴である。

（３）さらに、国際援助コミュニティとの関係もきわめて対照的である。ルワンダは１９９４年の虐殺事件の後、国際社会の手厚い支援を受けてきた。虐殺を止めることができなかった反省の念が欧米諸国に存在することも、こうした手厚い支援の背景となっているとも考えられる。また、ベルギーからルワンダが独立した後、隣国ブルンジと並ぶフランス語圏としてフランスの関与が大きかったが、近年は、隣国ウガンダと並んでイギリスの関与と支援が大きく英語圏となっている。カガメ大統領のリーダーシップは強力で、その意味でルワンダのオーナーシップも顕著であるが、予算の半分程度を援助に依存していることに象徴されるように、国際社会の支援と手を取り合って新しい国作りに取り組んできた。民主的な制度作りや行財政改革への取組みもきわめて欧米的な方向性に沿っており、その改革への取組みは国際援助コミュニティからみて「グッド・プラクティス」として認識されている。

他方で、アンゴラは石油などの資源に恵まれたことから、欧米の援助への依存の度合いは低く、２００２年以降の復興期は、石油供給とバーターとなっている中国の巨額の支援に依存してきた。中国はアンゴラの内政には一切口を出さないこともあって、アンゴラは欧米主導の援助協調の枠組みとは一線を画してきた。他方で、アンゴラの現政権は、政治的な権力を独占し、政策の透明性に欠け、政府上層部とその関係者が権限・利権・情報を独占し、一部の裕福な層と多くの貧しい人々の間の貧富の格差は、きわめて大きく、そのため、むしろ悪例（バッド・プラクティス）と考えられてきた。

（4）ただし、結果として、国の安定のあり方には共通点もみられる。アンゴラのMPLA主導の政権には有力な対抗勢力が存在せず、ある意味では政治的にきわめて安定している。また、MPLAの持つある種の社会主義的なイデオロギーのゆえに、地方農村の開発や貧困層の生活改善に関しては、政府は比較的力を入れており、その意味では、現体制に対する不満はある程度懐柔されている。他のいくつかの途上国のように、人々の不満を強権によって抑圧しているといった独裁体制とは異なる。

ルワンダも、ツチは少数派ではあるが、ツチ出身のカガメ大統領はフツとの融和を推進する一方で、政治行政改革に強力なリーダーシップを発揮しており、「強権的な政治姿勢」が批判されるほどであるが、それは国としての安定につながっている。

民主的な政体であるかを示す指標として有名なPolity Ⅳスコアの指標の推移をみると、アンゴラもルワンダも内戦が終わり選挙が実施されるようになって１９９２－94年頃を境

図３－４　アンゴラ・ルワンダ両国のPolity Ⅳスコアの推移

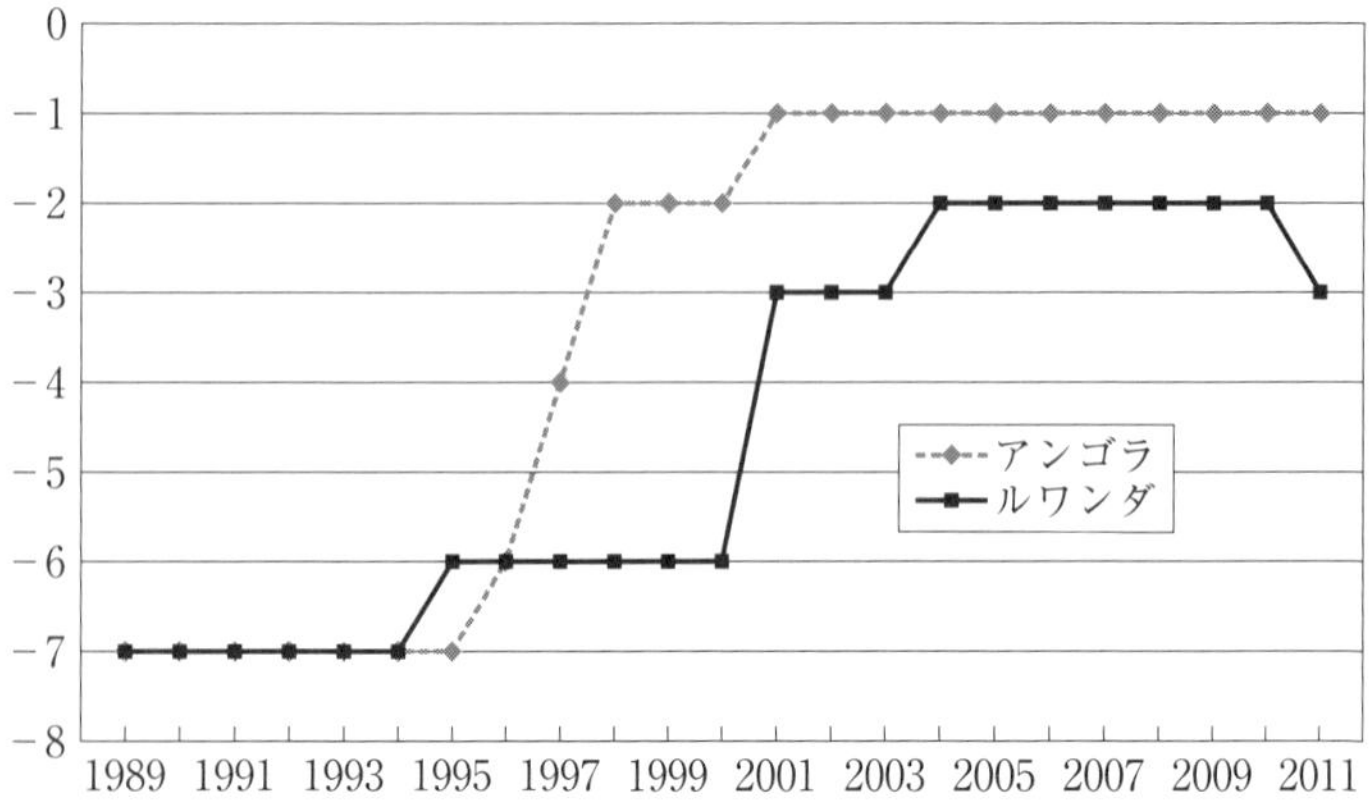

出所：Polity Ⅳ統計より筆者作成。スコアが低いほど「非民主的」。

に、政治体制も急速に、あるいは着実に改善したと評価されている。しかし、アンゴラの民主化度は過去10年間横這いであり、その民主化の水準はマイナス１で依然として低い。また、ルワンダはこの指標では「アノクラシー」とされて低い評価のままであり、しかも近年悪化傾向にある。

　政治的安定の観点から懸念があるとすれば、両国いずれも長期政権であり、現体制の指導者に取って代わる新世代の有力指導者がはっきりしていないことであろう。アンゴラのドス・サントス大統領は１９７９年にＭＰＬＡの議長となり、１９９２年にはじめて実施された大統領選挙で正式な大統領になり、２０１２年に20年ぶりに実施された第２回大統領選挙で再選された。またルワンダのカガメ大統領は２０００年から正式な大統領であるが、１９９４年以来、ルワンダ愛国戦線（RPF）の実力者であり副大統領として実権を握っており、事実上20年にわたって最高指導者であり続けている。両国とも、安定的な政治体制作りが進んでいるが、後継者選びとそれの結果次第では、再び不安定化するリスクがまったくないわけではない。その意味で、両国とも、いまだ安定的な国づくりのプロセスの途上にあるといえよう。

【註】

（1）Jackson (1990).
（2）田中明彦・中西寛編（2004）『新・国際政治経済の基礎知識』有斐閣。
（3）武内進一「紛争と国家」、稲田（2009）、26－27頁。
（4）「エスニック集団競合理論」については、例えば次を参照。ロスチャイルド（1989）。
（5）Op.cit. Jackson (1990).
（6）Médard (1982).
（7）World Bank (1992).
（8）国際社会の各ドナーの具体的な活動については、例えば次を参照。国際協力機構（2002）、第6章。
（9）Russett (1993).
（10）CIA World Factbook による。一方、寺尾（2009）によれば、1990年時点でのポルトガル語話者は、国民の約20%と推計している。2010年時点で、アンゴラの人口は約1800万人程度まで増大しており、首都ルアンダに600万人くらいが集中している現状の中で、これら首都に住んでいるアンゴラ人は少なくともポルトガル語を解することから、20%という推計は過少であり、CIA推計の方が現実に近いと判断される。
（11）アフリカの紛争要因として、民族・部族に基づくパトロン・クライアント関係を分析している文献として、例えば次を参照。武内（２００８）。

（12）ＰＲＳＰ（暫定版）の中身は例えば次の資料で把握できる。World Bank (2005). ただし、この報告書ではインフラ分野がほとんど言及されていない。

（13）２０００年に策定されたVision 2020。

（14）ルワンダ紛争の背景・経緯については次を参照。小向絵里「紛争予防の視点からのアセスメント」前掲、稲田（２００９）、１５０-１５１頁。武内（２００９）。

（15）コンゴ民主共和国東部での紛争状況については、次の文献で詳細に述べられている。米川正子（２０１０）『世界最悪の紛争コンゴ』創成社。

（16）National Institute of Statistics of Rwanda, *Statistical Year Book 2012*, p.96, より。

（17）「IDA at Work：ルワンダ―紛争後の復興から開発へ」２００９年8月（http://www.worldbank.org/ida）。

（18）ルワンダ政府資料「Summary of the Decentralization Policy in Rwanda」より。

（19）現地調査でのＪＩＣＡ事務所でのヒアリング（２０１3年3月）。

（20）武内進一「内戦後ルワンダの国家建設」、大塚・白石（２０１０）、32頁。

（21）MINECOFIN (2011). *The Annual Economic Performance Report : Fiscal Year July 2010-June 2011*, Government of Rwanda.

（22）Republic of Rwanda (2010). *Division of Labour in Rwanda*.

（23）MINECOFIN (2013). *Official Development Assistance Report: FY2011-2012*, Government of Rwanda.

【参考文献】

ベネディクト・アンダーソン（白石さや・白石隆訳）（１９９７）『想像の共同体―ナショナリズムの起源と流行（増補版）』ＮＴＴ出版。

稲田十一編（２００９）『開発と平和―脆弱国家支援論』有斐閣。

大塚啓二郎・白石隆編（２０１０）『国家と経済発展―望ましい国家の姿を求めて』東洋経済新報社。

川端正久・落合雄彦編（２００６）『アフリカ国家を再考する』晃洋書房。

ロバート・ゲスト（伊藤真訳）（２００８）『アフリカ―苦悩する大陸』東洋経済新報社。

国際開発高等教育機構（ＦＡＳＩＤ）（２００９）『脆弱国家の開発戦略Ⅱ（外務省委託―グローバリゼーションと国際開発研究）』。

国際協力機構（２００２）『民主的な国づくりへの支援に向けて』。

ポール・コリアー（甘糟智子訳）（２０１０）『民主主義がアフリカ経済を殺す』日経ＢＰ社。

佐藤章編（２００８）『統治者と国家：アフリカの個人支配再考』アジア経済研究所。

武内進一（２００８）『戦争と平和の間―紛争勃発後のアフリカと国際社会』アジア経済研究所。

武内進一（２００９）『現代アフリカの紛争と国家―ポストコロニアル家産制国家とルワンダ・ジェノサイド』明石書店。

寺尾智史（２００９）「南部アフリカ・アンゴラにおける多言語政策試行」『国際文化学研究』（神戸大学大学院国際文化学研究科紀要）32号。

ヴィジャイ・マハジャン（２００９）（松本裕訳）『アフリカ―動きだす9億人市場』英知出版。

山田裕史（２０１１）「国連暫定統治後のカンボジアにおける民主化と平和構築の再検討」日本国際政治学会報告論文。

ジョゼフ・ロスチャイルド（内山秀夫訳）（１９８９）『エスノポリティックス――民族の新時代』三省堂。

Stephan Halper (2010), *The Beijing Consensus: How China's Authoritarian Model will Dominate the Twenty-first Century*. Basic Books.（ステファン・ハルパー（園田茂人・加茂具樹訳）（２０１１）『北京コンセンサス―中国流が世界を動かす』岩波書店。）

Human Rights Watch (2010), *Transparency and Accountability in Angola: An Update*.

IFC (2010), *Doing Business: 2010 Annual Report.*

Robert H. Jackson (1990), *Quasi-state: Soverinity, International Relations and the Third World*, Cambridge University Press.

Jean-François. Médard (1982), "The Underdeveloped State in Tropical Africa," in Christopher Clapham ed.(1982), *Private Patronage and Public Power*, Frances Pinter, pp.162-192.

Dambisa Moyo (2009), *Dead Aid: Why Aid is Not Working and How There is Another Way for Africa.*（ダンビサ・モヨ（小浜裕久監訳）（２０１０）『援助じゃアフリカは発展しない』東洋経済新報社。）

Bruce Russett (1993), *Grasping the Democratic Peace: Principles for a Democratic World*, Princeton University Press.

Transparency International (2011), *Corruption Perceptions Index (CPI).*

World Bank (1992), *Governance and Development*, The World Bank.

World Bank (2005), *Interim Strategy Note for the Republic of Angola*, The World Bank, January.

World Bank (2008), *The Economy of Angola: Where to Go From Here?*, World Bank Angola Office, October.

World Bank (2008), *Angola: Perspectives on the Financial Crisis*, World Bank Angola Office, December.

コラム③　カンボジアにおける与党支配の強化と権威主義化

　カンボジア人の大半はクメール人で、ベトナム系の住民も北東部を中心に居住するが、民族的な分断が強いわけではない。また、宗教的には仏教徒が大半で、イスラム教徒やキリスト教徒も存在するが、宗教的な対立が顕在化しているわけでもない。カンボジアの過去の内戦は、民族対立でも宗教対立でもなく、政治権力をめぐる異なった派閥の争いであり、そこにイデオロギー対立が深く絡んだ。今日のカンボジアの社会で問題とされている最大のリスクは、引き続き、異なる政治勢力間の主導権争いであるが、近年、指摘されている大きな問題は、人民党による与党支配の強化と権威主義化、そして腐敗や汚職の蔓延である。

　カンボジアでは、与党である人民党のフン・セン首相は、人権問題で改善を求める国連機関や、フン・セン一族の森林不法伐採を糾弾するNGO（Global Witness）などを追い出すような行動をとるようになった。また、政府による強引な土地の接収や汚職・腐敗の蔓延などを理由に、世銀のカンボジア政府に対する支援の一部が凍結される事態も生じている。カンボジアにおける腐敗や汚職の横行は、カンボジア社会が依然として地縁・血縁に基づく縁故主義社会であることに原因があるとする見方もある。他方、その原因の1つは与党である人民党支配の強化と関連するという見方もある。

カンボジアでは、1993年5月の第1回総選挙の結果、人民党・フンシンペック党が連立政権を組み、1998年7月の第2回総選挙後も、両党の連立政権が再び成立した。2003年の第3回総選挙後も、この2大政党の連立関係は継続するものの、地方では人民党の組織が強く、2002年以降進められた地方分権化は人民党の影響力強化の意味合いも持ち、第3回総選挙では人民党が多数を占め、2008年の第4回総選挙で人民党は圧勝した。人民党の党員数は、過去20年間に急速に拡大し、1991年には党員数はわずか3万人であったものが1993年に約200万人になったあと、2008年では党員数は約481万人、党員組織率は人口の約36%、有権者の約59%に達した（山田、2011）。こうした圧倒的な組織率の拡大により、人民党に入党しなければ不利益を被る社会構造になってきたとされ、このような人民党の支配体制の強化が、政府の強権的な姿勢と腐敗・汚職の蔓延等のより直接的な要因と考えられる。

ただし、2013年7月の第5回総選挙では、総議席数123のうち、人民党が68、2つの野党（サムランシー党と人権党）が合併して成立した救国党が55議席と、予想に反して人民党の勢力が伸び悩んだ。この要因として、人民党支配の強化とその横暴に対する一般国民の反感が野党の救国党の票に流れたとされる。フン・セン政権はすでに20年以上にも及び、その権威主義体制化の今後の動向については不透明な面もある。

第4章　急増する中国の支援

アンゴラの過去10年間の復興開発過程を特徴づける最大の特徴の1つは、その復興開発のための支援に関する中国の圧倒的な存在である。開発途上地域、特にアフリカにおける中国の援助の急増と圧倒的な存在感はきわめて顕著であり、国際的にも取り上げられることの多い新しいテーマである。この章では、そうした急増する中国の支援について述べていくことにしよう。

第1節　中国の援助は開発に貢献しているか？

世界経済の中での中国の重要性については改めて述べるまでもないが、開発協力（経済協力）の分野でも中国の比重は急速に高まっている。同時に、途上国への中国の関わり方、特にアフリカの資源国への援助やミャンマー・スーダンなどへの支援が、国際社会に中国の経済支援に対するさまざまな疑念や警戒心を生んでいることも否定できない。

例えば、イギリスの経済誌 *The Economist* は、とりわけアフリカにおける中国の援助の拡大を「新植民地主義者（New Colonialists）」と形容し、米国の外交誌である *Foreign Policy*

は中国を「ならず者の援助国（Rogue Donor）」と称した。こうした見方はどこまで的を射ているのであろうか。

中国はＯＥＣＤ加盟国でないこともあって、中国の開発協力に関する統計は整備されておらず、国際社会にとって、あるいは中国の関係者自身にとっても、中国の対外援助の実態（どの地域で、どのような具体的活動を、どのような規模で行っているか）を正確に把握することは決して容易でない。このような状況の下で国際社会では、十分なデータに裏付けられない挿話的情報に頼った論議が広がる傾向にあり、前述のような疑念や警戒心を増幅している面がある。そのためか、中国自身も次第に情報公開に努めつつあり、２０１１年４月、「中国の対外援助」と題する文書が中国国務院から公表されたが、情報量としては依然として決して十分とはいえない(1)。

中国の対外援助の拡大は、近年、さまざまな角度から議論になっており、その援助の実態把握、援助政策決定やその支援方法の特徴、またそれが国際開発援助全体にもたらす含意など、多くの論点がある(2)。以下でその概要をまとめておこう。

1―1　経済利益追求のための援助

「中国の援助は、自国に必要な資源獲得のためであり、資源の収奪により経済構造をゆがめ、時に環境破壊を引き起こしている」との批判は強い。例えば、セルジュ・ミッシェルとミッシェル・ブーレによる『アフリカを食い荒らす中国』は、その典型といえる文献であり(3)、こうした議論は日本でも新聞報道などでも頻繁に取り上げられ、論壇でもしばしばみられる(4)。

中国国内の外交論議の中でも、1990年代から「経済安全保障」という概念が登場し、中国の経済発展に必要不可欠なエネルギー資源などを確保するために援助や投資を促進すべきであるとの議論が、公式的にも言及されるようになった。また、資源獲得などのための支援の拡大や、貿易や投資と一体になった形での経済関与の拡大は、1994年に始まる中国輸出入銀行による優遇借款の拡大によって顕著になってきた。優遇借款とは、開発途上国・地域に対する中国政府からの公的支援の性質を有する中長期かつ低利の有償資金協力である。

また、資源確保のための援助という批判と並行して、「中国の援助や低利融資は中国企業の受注を条件とした、いわゆるタイド（紐付き）援助であり、相手国の開発を目的にしたものというよりは中国自身の経済利益のためである」という批判も根強い。実際、中国の援助・融資と共に中国企業が進出し、多くの中国人労働者が相手国で働くといった請負契約と労務提供方式は、中国の経済利益にはつながるが、現地の雇用や技術移転にはつながらないという指摘も少なくない。

こうした批判のいくつかは、かつて（1960年代後半から1980年代前半頃まで）の日本の援助に関してもみられた議論である。しかし、そのかつての日本のタイド（紐付き）援助でさえも、建設請負・設計コンサルティング業務を日本企業が実施することはあっても、日本からの労務提供は少なく、現地労働者を雇用することが通常であった。その違いの背景には、中国がいまだ発展途上国であり、多くの低賃金の労働力を抱えた発展途上の国であるという要因があり、この点では中国の援助は先進国による援助と大きく異なる。実際、２０１１年12月２日に日本国際問題研究所で行われた日中シンポジウムで、中国側の参加者（中国初の『中国の対外援助』白書を執筆した商務部の担当者）は、「中国はいまだ発展途上の国であり、自国の経済的利益を追求しなくてはならない段階にまだある」ことに対する理解を求めていた。

１―２　「中国型開発モデル」「北京コンセンサス」

「中国型開発モデル」の定義はさまざまであるが、１つの見方は「内在する資源（天然資源・人的資源等）を活用し、経済的自立を達成していく」という、ある種の「自力更生」モデルを指す。また、貿易・投資と一体となった借款の供与は、１９７０年代に中国が外国借款を導入し、外国企業の投資を受け入れ、輸出を拡大していった、「改革・開放」の開発モデルの輸出でもある。中国は、途上国との経済貿易関係、経済技術協力・交流を強化し、他方で、対外進出戦略と資源戦略とのリンクによって中国自身の「経済安全保障」を確保するという形での経済関係の強化・拡大を、「Ｗｉｎ-Ｗｉｎの原則」に基づくものと位置づけ、双方に利益をもたらすものであるとしている(5)。また、２０１０年に公表された政府白書「中国とアフリカの経済貿易協力」では、「中国とアフリカは、平等な関係、実利の追求、互恵共栄、共同発展の原則に基づき、Ｗｉｎ-Ｗｉｎの実現に尽力している」と述べられている(6)。

欧米の専門家の中にも、援助・借款の供与と貿易・投資の拡大とが一体となった開発モデルを肯定的にとらえる論者もおり、これは、中国の援助を、人道支援や社会開発を重視する西側先進国の開発援助モデルを離れて、途上国の産業化の視点から評価しようとするものであるともいえる。例えば、もともと中国研究者であったブローティガムはその代表的な論者であり、近年の中国の援助や経済協力は、相手国への投資の促進や製造業の振興や雇用の創出という点できわめて肯定的な効果をもたらしているとみている(7)。また、モヨは、アフリカ開発に焦点をあて、援助だけでは成長は達成できず、途上国にとっての貿易（輸出）の拡大や（現地への）直接投資の拡大はアフリカの経済発展にとって不可欠である、と論じている(8)。これらの議論は、援助を人道ではなく経済開発の視点からとらえ、「中国型開発モデル」をむしろ肯定的にとらえるものであるといえる。

中国の急速な経済発展にともなって、その経験に基づく開発モデルが世界的に広まってきている現象をとらえて、「ワシントン・コンセンサス」にとってかわる「北京コンセンサス（Beijing Consensus）」の台頭を指摘する議論もある(9)。「ワシントン・コンセンサス」は自由化・規制緩和・民営化といった自由主義的な経済運営による経済成長を主張するのに対し、「北京コンセンサス」は政府の介入や規制を残しながら、外国借款や投資を受け入れ、貿易投資の拡大など経済関係強化を通じて工業化を推進しようとする開発モデルでもある。また、日本や韓国、中国の援助は経済インフラの建設を重視しており、教育や保健衛生分野等への援助を重視する欧米と対比することができ、そのことは、経済開発支援の異なるモデルという形で対比されることもある。

他方で、中国は援助供与に際して内政への不干渉を唱えており、援助にあたって相手国の意思決定プロセスの透明性や腐敗のないことなど民主的な手続を求める欧米の姿勢とは一線を画している。また、中国の援助の拡大が、こうした内政不干渉の方針のもとに進められることで、援助を梃子にした欧米の「民主化圧力」の効果は低下しているとみることができる。

第2節　アンゴラでの中国の圧倒的な存在感

以下では、中国の援助の実態を具体的に把握するための作業の1つとして、アンゴラを取り上げることにしたい。『中国の対外援助』白書（中国国務院新闻办公室、２０１１）によれば、２００９年の中国の対外援助の47％はアフリカ諸国に対するものであり、アンゴラは過去10年間に中国の援助が急増している国である。援助・融資が貿易や投資と一体となった形での中国の関与は、アンゴラにおいて典型的な形で進んでおり、それが「アンゴラ・モデル」といわれるゆえんである。以下で、その実態や功罪についてアンゴラを例により詳しく検討分析してみることにしたい。

2−1　石油資源確保と経済関係の強化

中国がアンゴラに多額の援助を供与する最大の目的が、アンゴラの持つ石油等の資源獲得であることは明瞭である。両国の貿易取引の内容を見ると、中国による資源獲得という要素が色濃く見える。

アンゴラにおける中国の経済的プレゼンスの拡大を示す統計は数多い。2000年に約18億ドルであったアンゴラと中国の貿易額は、2005年末には約69億ドル、2006年には約120億ドルに達し、この時点でアンゴラは中国にとって南アフリカを超えてアフリカ最大の貿易相手国となり、2008年時点では約253億ドルに達した。アンゴラから中国への輸出の大半（95％超）は石油であり、2008年にはアンゴラは中国にとってサウジアラビアに次いで二番目に大きな石油輸入国になった。2008年の中国のアンゴラ産原油への依存度は17−18％で、サウジアラビアへの依存度約20％に次ぐとされているが(10)、2009年の国連統計ではアンゴラ産原油の輸入量がサウジアラビア産を上回っている。

一方、アンゴラにとって、2010年の統計で、中国はアンゴラの輸出先の40％を占め

図４－１　アンゴラと中国との貿易（輸出入合計）額の推移（2002－2009年）

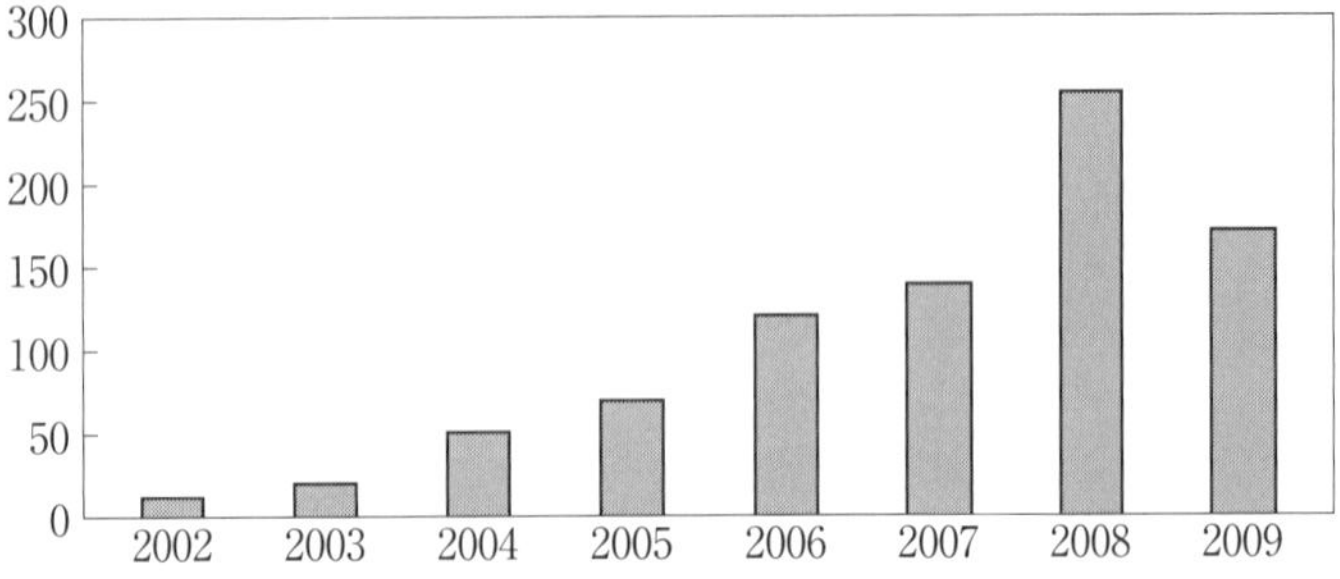

（注）単位：億・米ドル。
出所：アンゴラ政府統計より作成。

る最大の輸出国であり（第2位は米国の18・9％、ちなみに日本は０・２％）、また、中国からの輸入は中国への輸出ほど多くはないが、ポルトガルに次ぐ輸入国であり、２０１０年の統計で輸入額の10％を占める（第１位はポルトガルの14・３％、日本は０・７％）。時系列でみると、２００５年から２００８年にかけて、アンゴラの対中国輸出は３・４倍に拡大、一方、中国からの輸入は同期間に７・９倍に拡大したとされている(11)。

こうした貿易取引の拡大と共に、中国企業のアンゴラへの投資も急拡大してきた。２００９年には、アンゴラ進出中国企業は１００社を越えた。特に投資規模が大きいのは、石油開発分野であり、２００４年３月の中国輸出入銀行の融資供与とともに、アンゴラの国営石油会社ソナンゴール（Sonangol）との合弁企業であるSonangol Sinopec Internationalが、アンゴラ沖合の海底油田の石油探査を始めた。中国輸出入銀行による巨額の対アンゴラ借款の多くは石油の輸出代金で返済されることになっているとされ(12)、石油資源は両国の関係強化の中核を占めている。

世銀によれば、世銀（ＩＢＲＤ）融資に際しての規制条項として、「石油をクレジットの対価としてはいけない」という条文があり、世界中で適用されている原則である（２００９年の現地調査での世銀へのヒアリングによる）。もっとも過去の融資については適用外であるが、今後は適用されることになる。しかしながら、現在に至るまで、中国はこうした国際的ルールにはまったく拘束される様子はなく、引き続き石油とある種のバーター取引となるような形で、経済復興・開発のための多額の融資を供与している。中国の優遇借款はこうした国際的な規範形成の方向と逆行するものであるが、アンゴラの石油に対する中国の重大な関心（国益）とアンゴラ側の復興資金に対する膨大なニーズという双方の重大な利害が一致し、中国とアンゴラの密接な関係の強化は双方の経済的利益にかなうものであった。

ただし、両国の経済関係の強化は、石油分野にとどまるものではない。中国の融資による開発案件はインフラ整備を中心に経済建設のあらゆる分野に広がっており、こうした開発事業を中国企業が受注することで、中国企業の投資や関連中国企業の現地での活動も、インフラ整備分野を中心に広範囲である。図４－２は、中国企業の投資が２００２年以降、急拡大してきたことを示し、２００３年から２００７年にかけての中国のアンゴラ投資額はドルベースで２１６倍に拡大したとされる(13)。２００７年の数値では、その投資分野の約56％が建設、約26％が産業、約10％が交通・運輸部門であり、これらの合計で約92％に達する(14)。

図４－２　アンゴラにおける中国の直接投資の推移（2002－2011年）

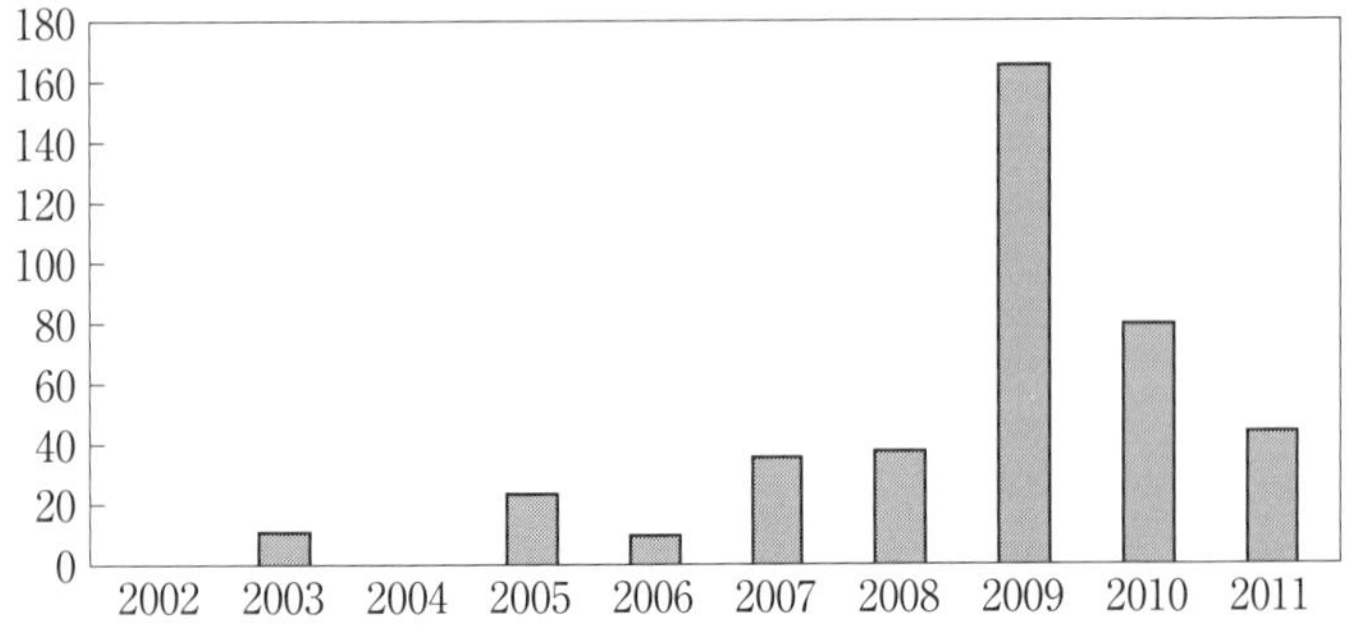

(注) 単位：百万米ドル
出所：アンゴラ統計（ANIP：National Agency for Private Investment）より作成。

なお、２０１１年のアンゴラへの投資に占める中国のシェアは、ポルトガルについで2番目で12・４％であるが、香港のほか、ケイマン諸島（８・６％）やバージン諸島（１・３％）経由の投資のかなりの部分も中国関連企業だと推測され、実際の中国からの投資はきわめて大きいと考えられている。

２－２　圧倒的な中国の支援

近年のアンゴラに対する最大支援国は中国である。しかもその支援の規模は尋常ではない大きなものである。

アンゴラは２００２年の和平合意以降、復興が急速に進んでいるが、中国のアンゴラ支援はこの２００２年から本格化し、近年では２００８年には約25億ドル、２００９年に約20億ドルが供与され、２０１０年までの中国の借款を含めた全体の支援額は、総額約１４０億ドルに達するといわれている。

その資金の条件は中国輸出入銀行融資が大半だと思われるが、中国はOECD／DACに加盟しておらず、援助統計等について公表していないため、正確なところはわからない。経済支援のうち大半を輸出入銀行の借款（その資機材調達および建設工事は中国タイド）が占め、それと合わせて（無償を含む）政府援助が供与される方式は「アンゴラ・モデル」あるいは「アンゴラ方式」と呼ばれ、他の国でも同様な支援パッケージがみられる。この支援方式に「アンゴラ」の名が付けられるのは、それが最も大規模な形で典型的に行われてきたからである。

中国とアンゴラとの間の経済関係の急速な拡大については、米国のシンクタンクであるCSIS（戦略国際問題研究所）が2008年3月に詳細なレポートを出しており、そこで、中国建設銀行と中国輸出入銀行による2002年のアンゴラへの具体的な融資案件がまとめられている(15)。それによれば、2002年に始まった大きな事業としては、ルアンダ鉄道444キロの復旧事業、ルアンダ電力ネットワーク復旧拡張事業、ルバンゴ電力ネットワーク復旧事業、ナミベ－トンボワ電力ネットワーク復旧事業、電気通信関連事業、等とのことである。また、2002年から2007年までの6年間の中国輸出入銀行による支援額は、合計25・6億ドルにも達し、インフラ分野だけでなく、教育・保健医療分野に対する支援金額も大きく、これは主として全国の学校・病院などの建設・整備にあてられているとされている。

また、中国による借款は、機材・機器が中国タイドとなっている。２００４年に供与された中国借款（約20億ドル）は、機材や労務の調達はタイドであるが、使途はアンゴラ側のニーズに合わせ、アンゴラ政府は鉄道・道路などのインフラのリハビリ、通信設備（光ファイバー）の敷設などに使っていった。鉄道・道路・電力の整備など、中国からの借款だけでは足りず、ブラジル・ポルトガルなどからの支援もある。中国は多くの分野で多額の支援を行っており、工事が早く、また資機材の金額や建設費も相対的には安いので、即効的な復興を進める上で評価されている面もある。また、「安かろう悪かろう」という批判もあるが、それは日本の援助の工事水準と比較した場合であって、「現地に適合する技術」の水準からみれば質も必ずしも悪くないという見解もある。

鉄道・道路といった分野で多くの中国人がアンゴラにきており、アンゴラに滞在している中国人の人数については明確な統計はないが、推計では、大きな推計値としては40万人、少ない推計値でも5万人ともいわれ、工事建設の労務者としてきている中国人が多いことから、その時点で実施されているインフラ事業の数にもよる。こうした建設工事の労務者までつれてくる形の支援方式に関しては、地元の雇用拡大につながらないとか、技術移転がなされないといった批判が強いが、その一方で、現地の技術能力や人材不足を考えると、復興事業を短期間に進める上では効率的な支援方式であるというのも一面の真理ではある(16)。

なお、香港をベースとする中国国際投資公司（CIF：China International Fund）が、

表4－1　中国国際投資公司（CIF：China International Fund）の合意案件

ルアンダ－ロビト間の高速道路（497.5キロ）の復旧
マランジェ－サウリモ間，サウリモ－ルエナ間，サウリモ－ドゥンド間の高速道路（合計1107キロ）の復旧
ルアンダ鉄道の復旧フェーズⅡ
ベンゲラ鉄道（1547.2キロ）およびモサメデス鉄道（1003.1キロ）の復旧
ルアンダ市の排水改善事業
アンゴラの18地方の24の市における215,500の住居の建設
新ルアンダ国際空港の建設（Bon Jesus）
ルアンダ新都市プロジェクトの調査

出所：前掲，CSIS（2008）。

２００５年に29億ドルのアンゴラへの復興資金を供与することが合意された。その具体的な案件は、表４－１のようなものであり、これは、ＧＲＮ（国家復興本部：Gabinete de Reconstrução Nacional）に対して供与されたものである。ＧＲＮはアンゴラ大統領直属の組織で、その意思決定メカニズムや活動の実態は不透明であり、大統領の軍事アドバイザーであるコペリパ（Kopelipa）将軍が実権を握っているとされる。

２－３　中国の得意とする交通インフラ整備

以下で、アンゴラにおける中国の支援の実例を見ていくことにしよう。中国の支援が圧倒的に大きな分野は、鉄道・道路・空港・港湾などの交通インフラである。

（１）鉄　道

鉄道は基幹インフラである。ポルトガル植民地時代にポルトガルは鉄道網の整備に力を入れ、中でも港町の

写真４－１　内陸の破壊された鉄道（ビエ州，2009年３月）

ベンゲラから内陸につながるベンゲラ鉄道はアンゴラの中央部を横断する大動脈であった。しかし、このベンゲラ鉄道は内戦によって完全に破壊されてしまった。写真４－１は、内陸の都市クイト近郊の破壊された鉄道の姿であり、ここではまだ復旧途上である。

２００２年以降、鉄道網の復旧が進められたが、その復旧の中核を担ったのが中国の支援事業である。中国は、首都ルアンダから郊外に伸びるルアンダ鉄道の復旧事業を行ったほか、ベンゲラからウアンボを経てクイトに伸びるベンゲラ鉄道（１５４７キロ）およびモサメデス鉄道（１００３キロ）の復旧を担っている。首都ルアンダから郊外に向かって東に伸びるルアンダ鉄道は、すでにかなりが復旧され、近郊の住民にとってルアンダとつなぐ幹線鉄道として大きな役割を果たしている。また、ルアンダ近郊のヴィアナには工業団地が建設され、多数の中国企業が進出し、そこで生産された製品の搬送やその工場で必要な物資をルアンダ港から運ぶ重要な役

写真４－２　完成直後の新ベンゲラ鉄道（2010年９月）

割も担っている。

一方、ベンゲラ鉄道は、２００９年3月には、ベンゲラから内陸の中心都市ウアンボまでが完成した（写真4－2参照）。さらにウアンボからクイトまでが２０１０年時点で建設中であり、その後さらにクイトから内陸に伸び、将来的には国境を超え隣国のザンビアまでつながることになる。ザンビアからタンザニアまでは、かつて中国が膨大な資金と人員を送り込んで建設したタンザン鉄道があり、ベンゲラ鉄道の完成の暁には、アフリカ大陸の西側にあるベンゲラから東側にあるタンザニアのダルエスサラームまで、アフリカ大陸を横断する鉄道がつながることになる。それは、まさに中国の支援によるアフリカにおける万里の長城のような壮大なプロジェクトともいえよう。

かつてベンゲラ鉄道があった沿線地帯は、内戦中に大量の地雷がばらまかれており、その工事にあたってこの地雷は大変な障害であったと考えられる。資料によれ

写真４－３　内陸の中国人用道路標識（スンベークイト）
（2009 年３月，以下同時期）

ば、２００２年に供与されたベンゲラ鉄道復旧のための中国の借款のうち、約１割は地雷除去のために使われ、それを担ったのはＦＡＡ（アンゴラ陸軍）の地雷除去部隊であるとされる。アンゴラ陸軍にとっては、この資金は内戦後に仕事のなくなった兵士に仕事と給料を与える大きな事業であったと考えられる。

また、鉄道建設工事自体は中国企業が請け負った中国タイドの事業であるため、必要資材は中国から輸入し、工事現場では多数の中国人労働者が働くこととなった。大型トラックは中国製であり、そのドライバーも中国人であるため、道路標識も中国語で書かれ、またその工事現場周辺の自動車修理会社の看板も中国語である。工事現場事務所には、中国でもみられるような門が作られ、「中国とアンゴラの友好のため」といったスローガンが書かれていた。

写真4－4　クイト近郊の鉄道建設現場事務所

（2）道　路

道路も経済社会生活にとっての基幹インフラであり、ポルトガル植民地時代に、道路網はそれなりに整備されていた。しかし、これも長い内戦をへて維持補修が長期にわたりまったくなされなかったことで、ぼろぼろの状態となり、その復旧は急務であった。

基幹道路の復旧は必ずしも中国だけが担ったわけではなく、ポルトガルやブラジル、あるいは南アフリカの企業も道路整備事業を請け負っている。しかし、道路の復旧整備のために最大の支援（融資）を供与したのはやはり中国である。中国は、海岸沿いの首都ルアンダからスンベをへてロビトにいたる道路（498キロ）の復旧のほか、マランジェ－サウリモ間、サウリモから南にのびるルエナまでの間、サウリモから北にのびるドゥンドまでの間の道路、合計1107キロの復旧も担った。

ルアンダからロビトまでの道路はすでに完成しており、約500キロを5時間ほどで移動することができ

写真４－５　ウアンボークイト間の復旧・舗装前の泥道

る。路面はけっこう良い。高速道路と称しているが、片側1車線で合計2車線の比較的狭い道路である。交通量が少ないこともあって、どの車も時速１２０キロから１４０キロ程度で走っている。両側車線で中央分離帯もない道路で対向車のいずれもがこのようなスピードで走るわけであるから、けっこう危険である。時に動物が飛び出してきてブレーキを踏んだりハンドルを切ったりすることによって事故が多発しており、このくらいのスピードでは死に至る大事故になることも多く、道路脇には事故車の残骸がところどころに打ち捨てられていた。

アンゴラの国土は広大であり、道路網の復旧整備は、バラバラになっている地方都市や農村を結び全土のバランスある発展のためにも、また内陸にある資源の開発のためにもきわめて重要である。その復旧のスピードは驚くばかりであり、２００９年3月時点では、内陸のウアンボからさらに内陸のクイトまでは２００キロばかりの距離であるが、まだ舗装されていない道が多く、移動に

写真４－６　地方（ウアンボ）に伸びる整備された道路

は1日がかりであり、そもそもＪＩＣＡの安全対策班の事前調査によれば、許可なく行ってはいけない地域とされていた。しかし、２０１０年8月時点ではこの区間が、車でわずか1時間半で行けるようになっていた。ことほどさように、アンゴラにおける道路復旧整備のスピードの速さは驚異的である。

　他方で、道路の維持補修が十分になされていないことも事実であり、２０１０年8月にウアンボ－ルアンダ間を走った際には、2年前に比べ、道路のところどころに穴があり、高速で走行中にこうした穴にはまると相当に危険であり、実際、穴の多いところでは道路脇に横転した事故車両が打ち捨てられていることも少なくなかった。こうしたことを取り上げて、中国の工事のずさんさを示すものであるという論調もないではないが、この道路の維持補修の問題は基本的にはアンゴラ側の政府担当省庁の問題であり、また、ウアンボ－ルアンダ間の道路は中国の工事ばかりではない。

（3）空港・港湾

アンゴラの首都ルアンダにある現在の空港は満杯状態である。空港敷地はかなり広いが、多くの航空機が所狭しと駐機している。このように混雑しているのは、アンゴラが石油ブームの最中にあり、また、外国から陸路でルアンダにはいることがきわめて困難であり、空路ではいる以外に選択の余地がないことと関連しているだろう。

したがって、新空港の建設の必要性は高く、ルアンダ南部近郊のボン・ジェズスに新しい空港を建設する事業を中国は支援している。中国の借款は中国企業タイドであり、多くの中国人技術者と労働者がそのためにアンゴラにきている。中国とアンゴラの関係の緊密化と中国人の往来の増大にともなって、現在では北京とルアンダを結ぶ直行便が就航している。ルアンダに到着する飛行機に乗ってくる中国人は多く、その中には作業着を着てヘルメットをかぶった工事労働者も多く、彼らはルアンダ空港に到着したら、そのままの姿で工事現場に直行する、といったアンゴラの経済建設に関わる中国人の多さとその活力を象徴する面白い逸話もある。

また、アンゴラ経済の成長と急速に進む復興にともなって輸入資材や物資に対する需要は急拡大しており、港の荷揚げ処理能力も圧倒的に不足している。とりわけルアンダの港では荷揚げを待つ船の渋滞ぶりはひどく、常時１００隻を超える船が接岸を待機している状態で、待機期間は１カ月以上に及ぶとされる。こうした状況を受けて、港の改修・拡充の必要性は切迫しており、首都ルアンダの港だけでなく、中部のロビト、ベンゲラ、および南部のナミベの港の改修整備事業が進んでいる。中国はルアンダ、ロビト、ベンゲラ等の港の拡充事業に関わっており、中国企業が関わる中で多くの中国人労働者も働いている。

他方、日本もこうした港の整備事業には2002年以来関わってきており、いくつかの港の整備事業を支援してきた。ただし、その後、中国が大規模に港の整備事業を実施するようになったことで、日本の存在はかげが薄くなってしまった。ただ、南部のナミベ港の拡張工事に関しては、経済産業省が大きな関心を持ち、その拡充計画づくりを支援してきている。

2-4 住民の生活に不可欠な社会インフラ

中国の支援は交通インフラにとどまらず、さまざまな分野にわたっている。以下で、交通インフラ以外の住民の生活に直結するいくつかの重要分野について紹介しておこう。

(1) 電力・通信

電力も住民の生活に不可欠な基幹的なインフラである。ポルトガル植民地時代に水力発電を中心に主要都市では電力供給のためのインフラ整備がなされていたことも事実であるが、こうしたインフラも内戦で破壊されたものが多く、残っているものも相当に老朽化が進んでおり、電力ネットワークの整備は急務であった。

例えば、２００９年に視察したウアンボ近郊の水力発電所では、４台のタービンのうち３台は故障し、稼働していたのは１９４０年製造のイギリス製タービンであった。

電力分野の復旧整備支援は、中国のほか、ポルトガルやブラジル、南アフリカなど、多くの国が関わっている。また電力分野は外国政府・国際機関の融資や外国企業の関与も少なくない。例えば、アフリカ開発銀行や南アフリカ開発銀行はウアンボなどの電力供給のため、数多くの巨大な発電機設置のための融資を提供している。

中国は、首都ルアンダの電力ネットワーク復旧拡張事業のほか、地方の重要都市であるルバンゴの電力ネットワーク復旧事業やナミベ－トンボワ間の電力ネットワーク復旧事業等に関わってきた。海岸の都市スンベの電力供給事業も支援し、ルアンダからスンベにつながる道路も中国の支援で整備がなされ、現在でもスンベでは多くの事業が中国企業によって進められていることから中国人労働者や技術者が多く、中国の存在感はきわめて大きい。

日本の商社も電力分野の開発事業には大きな関心を持っており、例えば北部のソヨ近辺の火力発電所事業の可能性を探ってきたほか、ＪＩＣＡも地方における小規模な水力発電事業支援の可能性を探ってきた。２００８－09年には我々の調査チームが情報収集し、２０１０年秋には、電力分野のコンサルタント会社が詳細な事業調査を実施した。

また、中国企業の存在感が大きい分野の1つに電気通信分野がある。近年の世界的な携帯電話の普及には、華為（Huawei）のような中国企業の存在があり、この分野での中国企業

写真４－７　道路脇の光ファイバー網敷設（ウアンボ州）

の競争力はきわめて高い。アンゴラでは、全土に光ファイバー網を広げていく事業が進んでおり、第一期として３０００キロ、長期的には全土に７０００キロの光ファイバー網を敷設する計画を中国が支援し、主として中国企業が工事を進めている。光ファイバー網は、幹線道路にそって敷設されつつあり、いたるところで工事が進んでいるのをみることができ、時折中国人の技術者や労働者をみかけた。

日本もかつて２０００年にＪＩＣＡによりルアンダ市電話網整備計画の基礎設計調査が実施され、２００１年および２００２年に無償援助でルアンダ市の電話網整備事業と電気通信分野におけるアンゴラ政府の能力向上のための技術協力を供与したことがあったが(17)、今日では実施していない。むしろ興味深いのは、日本のＮＴＴの子会社がこうした中国企業による光ファイバー敷設事業のコンサルタント企業として、技術支援や工事管理を行っていることである。例えば首都ルアンダに技術者が常駐してビジネスとしてこうした事業に関わっていた。

(2) 都市開発

都市の再開発も切迫したニーズの高い分野である。

首都ルアンダは、ポルトガル植民地時代には人口約60万人であり、その程度の人口を想定した都市づくりが行われ、今日でもポルトガル風の立派な建物のいくつかは存在しており、植民地時代はポルトガルの趣を持ったきれいな都市であったと推測される。しかし、内戦時にはルアンダでも市街戦が行われ、多くの建物が廃墟ないし銃弾だらけになった。また、内戦を通じて、多くの人々が戦火を逃れて首都ルアンダに集まり、内戦終結後は、仕事や生活の糧を求めて、さらに多くの人々がルアンダに集まってきた。そのため、今日ではルアンダ市内および近郊に住む住民の数は600万人を越えるまでに膨れ上がっているといわれ、アンゴラの全人口が1700－1800万人程度といわれる中で、この数字は、いかにルアンダに人口が集中してしまったかを物語っている。

このことによって、当然のことながらルアンダの都市機能は破綻をきたし、慢性的な住宅不足と交通渋滞、住民に対する水や電気などの基礎的サービスの不足を招いている。アンゴラ政府は、そのため都市の再開発計画を打ち出し、さまざまな関連事業を進めている。

中国は、こうした都市再開発計画にも深く関わり、ルアンダ新都市プロジェクトの調査の

写真４－８　ルアンダの都市再開発事業

ほか、新しい住宅地域の開発、ルアンダ市の排水改善事業、道路の拡幅工事、など、さまざまな事業を実施している。また、その事業には多くの中国企業が関与し、それに関連した多くの中国人労働者が滞在し働いている。

また、都市の再開発のニーズはルアンダ以外の地方都市でもきわめて大きい。ウアンボやクイトなど、地方の中心都市は、ＵＮＩＴＡ側の勢力下にあったこともあり、内戦で激しい市街戦を経験し、徹底的に破壊された。今日、急速に復旧・復興を進めつつあり、そのための再開発計画や関連事業の計画が進められている。こうした地方都市では、必ずしも中国企業のみが圧倒的な存在感を示しているわけではなく、ポルトガルやブラジルなどの開発コンサルタント会社や関連企業が深く関わっている場合も少なくない。水や電力の供給、基幹交通網の整備、建物の復興・建設など、必要な関連事業には事欠かず、アンゴラ政府もこうした地方都市の復興と再開発を重視し、多くの予算をつけて事業を進めてきている。

写真４－９　ウアンボ郊外で水汲みにくる住民たち

（３）「アフリカ・カップ」とスタジアム建設

そのほかにもアンゴラではさまざまな事業が実施されており、その中で中国が関わる事業も少なくない。すべてを詳細に取り上げることは不可能であるし、また本書でそれらをすべて取り上げる必要もないと考えられるが、話題になったサッカー・スタジアムの建設については、興味深いエピソードであるので、言及しておくことにしよう。

アフリカでは２００９年にサッカーの「アフリカ・カップ」が開催され、アンゴラはそのホスト国となった。サッカーの試合のために各国からきたチームの中で、カビンダのサッカー場で試合が予定されていたトーゴの選手とコーチが、武装勢力によって襲撃され死者・負傷者をだしたことから日本のマスコミでも取り上げられた。アンゴラ政府は、このアフリカ・カップのサッカー・スタジアムをアンゴラ全土の主要都市に合計10前後建設するという巨大な投資を行った。

写真4－10　ベンゲラ郊外のスタジアム建設（2010年9月）

このスタジアムの建設に多くの中国企業が関わり、その建設工事のために多くの中国人労働者が大挙してアンゴラにやってきた。建設工事は完成までの期間が短く、まさに突貫工事が要求され、この期間は最も多くの中国人がアンゴラを訪れたピークの時期であったと推測される(18)。中国企業は中国人労働者を雇い、地元ではアンゴラ人の雇用につながらないという不満も出され、アンゴラ人の雇用も試みられたが、アンゴラ人では仕事がなかなか進まず、めざした完成期日に間に合わないため、完成期日が近づくにともない中国人主導とならざるを得なかったとされる。完成したスタジアムは外観からみた限りでは立派な施設である。写真4－10は、そうして建設されたスタジアムの1つである（ベンゲラ郊外）。

中国は、2008年の北京オリンピックを経験して、こうしたスタジアムや大型施設の建設の経験を数多く積み、こうした分野の建設工事ではおそらく世界で最も競争力のある国といえよう。2010年には、南アフリカでワールドカップ・サッカーが開催され、南アフリカでも数多くのスタジアムが建設された。南アフリカはアンゴラよりは技術力があり労働力も豊富であるが、南アフリカでも同様に中国企業が工事を請負い、多くの中国人労働者が働いた。２０１０年2月に南アフリカのヨハネスブルグの空港を経由する機会があったが、入国審査のゲートには、中国人用の専用のゲートが別に設置され、数百人の中国人が列をなしていた（ワールドカップ終了後はそうした特別ゲートは撤去され今はない）。アフリカの経済建設における中国のプレゼンスの大きさを象徴する光景でもあった。

2-5 中国の援助のインパクト

アンゴラに対する中国の膨大な額にのぼる支援に対する評価はさまざまである。以下でいくつかの論点を整理しておくことにしよう。

中国がアンゴラに援助する最大の目的が、アンゴラの持つ石油等の資源獲得であることは明瞭である。援助の目的の観点からは、資源獲得という要素が色濃く見える。必ずしも貧困層を対象に支援をしているわけではなく、ＯＤＡに関するＯＥＣＤの開発援助委員会（ＤＡＣ）の方針を共有しているわけでもない。

アンゴラは国際社会からその腐敗や汚職などの問題を指摘されているにもかかわらず、中国が多額の支援を供与していることに対し、その不透明さや腐敗を温存させるのに役立っている、との批判もある(19)。中国のアンゴラへの支援に関しては、財務省を通じた融資にはある程度の透明性があるが、国家復興院（ＧＲＮ）を通じた支援はまったく不透明である。中国のアンゴラ政府への具体的な支援案件の決定は、中国政府ないし中国側の融資・支援機関とＧＲＮのコペリパ将軍との間で、密室で最終決定がなされているといわれ、その決定過程は外部からはまったく伺い知れず、時折うわさとして流れてくる程度である。相手国政府・支配層との間で不透明な形で支援が決定され、それが腐敗を温存ないし助長する側面があることは否めず、これは中国がとっている「内政への不介入」方針の負の側面である。

他方で、こうした支援方針は、相手国政府の基盤強化にもつながり、こうした支援を通じた政治的効果の別の側面として、中国との外交関係の強化にもつながっていることも事実として否定できないことであろう。２０００年以来3年ごとに開催されているＦＯＣＡＣ(Forum on China-Africa Cooperation：中国・アフリカ協力フォーラム）にはアンゴラ代表も毎回呼ばれており、２０１０年11月下旬には、習近平副首席がアンゴラを訪問し、エネルギー開発などでの協力強化等で合意している。また、中国からの借款は金額が大きいこともあって、中国からの借款受け入れについては、財務省内に専門の部局が作られている。

その一方で、受け手国からみた援助と開発の実像を見れば、中国の支援は、アンゴラのインフラ建設や物資の流入を促進し、人々の生活改善に直結し、しかも足の早い目に見える成果をあげているとの評価もある。中国の近年の援助や経済協力は「フルセット型支援」方式をとり、中国タイドで工事建設のため中国人労働者が送られることから、現地の雇用につながっていないという批判もある一方で、中・長期的にはいずれにせよそれは中国との貿易取引の拡大や中国企業の投資拡大につながっているものであり、製造業や雇用の創出という点で、長い目で見れば肯定的な効果をもたらしているとみる見方もある(20)。

中国の支援が拡大している多くの国で、中国との経済関係が強化される中で、その過剰なプレゼンスへの警戒感が徐々に強まっているということも指摘されている。すなわち、資源開発や中国への輸出の拡大、中国の物資や労働者の流入を通じた中国との経済関係強化が目に見えて進展している一方で、民衆レベルでの対中意識はアンビバレントな面もあり、中国との関係強化は過剰なプレゼンスへの警戒感にもつながっている。また、現地調査の際、中国への過度の依存を避けるため融資・援助の分散化をめざしている、と述べるアンゴラ政府側役人が何人か存在した。

2-6　日本とアンゴラの経済関係

これまで、アンゴラにおける中国の圧倒的な経済的プレゼンスについて述べてきたが、おそらく読者は、では日本とアンゴラの経済関係はどの程度なのかという疑問を持つであろう。そこで、以下で簡単にまとめておこう。

日本はアンゴラの独立直後の1976年に外交関係を樹立したが、大使館を開設したのは

2005年と比較的最近である。日本のアンゴラ復興支援は1998年の国連機関を通じた緊急人道支援から始まり、2010年までに累積で無償資金協力を中心に約400億円の支援を供与してきた。平均すると、無償資金協力が毎年20億円程度、技術協力が毎年2－3億円程度であり、中国と比べると、無償と有償の違いはあるが、資金規模でみるとおよそ100分の1程度ということになる。無償援助は学校や病院の建設などに向けられてきた。円借款はこれまで供与されたことがなく、2010年時点で、電力や港湾整備などの分野で円借款事業形成のための調査が実施された。また、アンゴラには以前はJICA事務所がなく、南アフリカのJICA事務所が管轄していたが、2009年に現地JICA事務所が設立された。

貿易関係も、アンゴラの輸出に占める日本の割合は2010年で0・2%、輸入に占める割合は0・7%ときわめて低い(21)。しかし、2008－11年に在アンゴラ大使であった越川大使の尽力もあって、2011年には、日本・アンゴラ投資協定の締結が大筋で合意に至り、今後の両国間の投資の拡大にとって大きな一歩となった。

実際、日本の商社はアンゴラでも頑張っている。双日はアンゴラ中部の海岸沿いの港町スンベの近くで、アンゴラ最大のセメント工場を建設しており（約530億円の受注金額）、2013年から年間140万トンの生産を見込んでいる。その一方で、ナミベ港の改修がJBICの支援を受けながら進められている（中国も並行して港の能力拡充工事を進めている）。丸紅はいくつかの繊維プラントの建設を受注し（約２５０億円）、ＪＢＩＣのバイヤーズクレジットがはじめて供与された。綿花栽培と繊維産業は植民地時代の１９３０年代に盛んになり、綿花生産は１９７０年代前半にピークに達したが、内戦をへて荒廃した。２０１４年からベンゲラなどのいくつかの工場が稼働する予定であり、そうすれば石油以外の産業での雇用拡大につながることが期待される。また、丸紅はサトウキビを原料とするバイオ燃料の生産も計画している。また、住友商事、三菱重工、東洋エンジニアリング、双日のコンソーシアムが２００９年以来、北部のザイーレ州ソヨ近辺に肥料工場の立ち上げをめざしているほか、ソヨには液化天然ガスのプラントがあり、将来的には日本への輸出も検討されている。２０１１年には、アンゴラは将来の地上デジタル放送導入において、日本のＩＳＤＢ-Ｔ方式の採用に向けた取組みを推進していくことで、日本の総務省との覚書に署名した(22)。

このように、地道ではあるが、日本も着実にアンゴラとの経済関係強化に向けて努力をしてきた。中国の圧倒的な経済的プレゼンスと比較すると、その比重は金額でみると二桁少ない程度で比べようもないが、日本は支援国および投資国としてポテンシャルがあり、アンゴラ側の期待も小さくない。中国だけに経済・技術支援や投資を依存するのではなく、多角化したいという思惑もあり、金額や規模はいまだ小さくとも日本が果たしうる役割は少なくなく、今後の発展が期待される。

第3節　アジアの事例との比較検討

上述のアンゴラでの中国の巨大なプレゼンスは、アンゴラに特殊な事例なのであろうか。中国の援助の拡大が指摘されニュースなどマスメディアでも取り上げられる国は近年多く、中国の支援の規模や内容には国ごとに違いがあるが、アンゴラはけっして例外的な事例ではない。

東南アジアの近隣国への援助に関して、例えば、カンボジア、ミャンマーなどがよく取り上げられるのは、そうした国で中国が最大援助供与国になっているからである。いずれもかつては日本が最大援助供与国であったが、ミャンマーに関しては、軍政の民主化運動弾圧に対する国際的非難の中で、日本の援助は減少・停滞する一方で、中国の援助は拡大し、今日では資源開発のための借款も含め、中国の支援額は突出して多い。他方、カンボジアは、1992年の国連カンボジア暫定統治機構（UNTAC）後、日本はずっと最大支援国として多額の援助を供与してきたが、近年中国の援助が拡大し、2009年にはついに日本を追い抜いたといわれている。いずれのケースも、その援助は、経済的関係の拡大・強化、資源の開発・輸入、あるいは外交関係の強化といった目的を有し、またそうした効果をもたらしている。

他方、アフリカの資源国への援助の拡大は、多くの国で近年顕著であり、国際的な関心を呼びマスメディアで取り上げられることも多い。例えば、スーダン、アンゴラといった石油産出国であり、いずれも中国の支援が突出している。またジンバブエに対する中国の支援も多いが、ジンバブエはスーダンと並んで政治体制や腐敗が問題視されている国であり、その意味でも中国の援助がその国の民主化に与えるマイナスの影響を問題視する国際世論も少なくない。

多くの場合、中国の援助目的は資源の獲得であり、その支援内容は経済建設支援、特にインフラ（道路・鉄道・通信網、等）が多く、結果として中国との経済関係の強化につながっているケースや、数少ない友好国として大きな政治的インパクトを持っているケースも少なくない。

以下で、第1章および第2章で取り上げたカンボジアと東ティモールのケースについて、中国の援助の実例について、もう少し具体的にみていくことにしよう。

3－1　カンボジアと東ティモールでの中国の存在

（1）東ティモールでの中国の援助

第2章で取り上げた東ティモールにおいては、中国の無償援助は目立つ案件が多いが、オーストラリア・ポルトガルといった地理的・歴史的に強い関係を有する支援国が多額の支援

写真４－11　中国の支援による国防省ビル建設現場（ディリ，2011 年９月）

をしているため、中国の援助が突出しているわけではない。そのため、ミャンマー・カンボジアほど問題視されたり、マスコミで取り上げられたりすることは相対的には少ない。

しかし、中国は、東ティモール独立後に真っ先に大使館を設立し、積極的な支援を行ってきた。中国の援助の特徴は、いわゆる「箱もの」を重視している点であり、とりわけ主要なインフラ案件を実施・建設中である。例えば、外務省の建物、大統領の官邸、軍の本部など、政治的に重要性を持つ建物を建設し、しかもそれが首都ディリ市内・近辺にあるかなり大きな施設であるため否応なく目立ち、その存在感はきわめて大きい（写真４－11、４－12参照）。こうした支援の重点分野は、ある意味では東ティモールの政府部門・政府機能の強化につながる面もある。

また、中国の場合、他のドナーとの協調の枠組みを必ずしも重視しておらず、援助金額やその内容について、

写真４－12　大統領府ビル建設現場（2008年２月）と完成後（2011年９月）

必ずしもドナー・コミュニティの間で情報が共有されているわけではない。ただ、東ティモールにおいては、オーストラリア・ポルトガル・国連関係機関の存在が大きく、中国の援助規模は金額的にはそれほど大きいとはいえないため[23]、中国のこうした援助協調と無縁な支援のやり方は、今のところ取り立てて大きな非難を浴びているわけではない。

（2）カンボジアでの中国の援助

カンボジアに対しては、中国は、歴史的にみると、内戦時代にベトナムが後押しをしたヘン・サムリン政権への対抗から、クメール・ルージュやポル・ポト派を支援してきた。そのため、1992年の国連によるカンボジア暫定統治（UNTAC）のあとも、あまり大きな援助国というわけではなかった。しかし、近年、中国はカンボジアに対する援助を急拡大している。その正確な金額は、中国が公表していないことから必ずしも明らかではないが、2008年1月に書かれた米国の議会調査局（CRS）報告書によれば、中国のカンボジアへの支援は、2007年には約7000万ドルであり、2008年には2つのダムなど1億ドルを約束している(24)。

カンボジアに対する近年の援助できわめて象徴的に有名なのは、首都プノンペンの中心部に中国の無償援助で建設された国家評議会の建物である。きわめて豪華な近代的ビルであるため目につき、一部にはカンボジア的な外観ではなく周囲の景観から浮き上がっているとして批判もある（写真4－13参照）。

また、カンボジアに対する中国の援助は上記のような政治案件に対する無償援助にとどまらない。無償援助では地方（省）政府による水供給支援事業などや、公務員などの人材育成事業もある。また、借款もあり、特に2000年以降の中国による道路修復・建設支援金額は大きく、2005－08年をみると、この分野での海外援助に占める中国の支援金額のシェ

写真4－13　中国の支援で建設された国家評議会ビル（プノンペン，2011年1月）

アは50％を上回っているとされる(25)。例えば，国道7号（2007年完成）や，セコン橋（2008年完成）などがあげられる。
一方，中国は国際援助協調には協力的ではないドナーであるが，2007年に行われたカンボジアの援助国会議で，中国が出席して，約1億ドルの支援の約束を行ったとされる。これはある意味では画期的であり，中国が多国間協議の前に姿を現したことを意味するが，カンボジア以外ではまだあまりみられない。
カンボジアでは，1990年代には欧米と日本が中心であった援助が中国にとって変わられるようになるにつれ，与党である人民党のフン・セン首相は，人権にうるさい国連機関や，フン・セン一族の森林不法伐採を糾弾するNGO（Global Witness）などを追い出すような態度をとるようになった。こうしたフン・セン政権の権威主義的な傾向と中国の援助の拡大がどの程度の関係を持っているのかを明らかにすることは困難であるが，こうしたカンボジアの政治変化の中で、中国の援助の拡大とその姿勢に対する国際的な懸念が増大してきていることは確かである。

また、2012年にカンボジアがASEAN議長国となり、同年7月に議長国カンボジア主催による一連の年次会合が開かれた。この2012年のASEAN外相会合では、中国は南シナ海での領土紛争をめぐって集中砲火を浴びることとなり、ASEAN外相会合の共同声明作成をめぐって紛糾した。しかし、南シナ海での領土問題に関する中国の姿勢への懸念を共同声明で取り上げるべきとのベトナムやフィリピン等の主張は、会議のホスト国であるカンボジアの抵抗によって実現せず、ASEAN創設45年の歴史上はじめて共同声明が見送られた。その背景として、中国のカンボジアへの影響力の拡大が指摘されている(26)。

3-2 中国の援助の行方

いずれにせよ、中国の援助の拡大は、世界経済における経済的影響力の高まりと平行して生じているものである。他方で、中国自身が共産党の一党支配のもとで政治的自由を制約しながら経済発展を遂げてきていること、その対外援助に際して内政不干渉の原則を掲げていることにより、結果として中国の援助の拡大は、これまで世銀や欧米援助国が主導してきた市民社会や民主的社会を前提とする自由主義モデルである「ワシントン・コンセンサス」をほり崩し、「強力な国家」のもとでの経済発展という開発モデル(これを「北京コンセンサス」

と称することもある）を世界に広め、途上国における民主化を逆行させるものであるとの論調も登場している(27)。

実際、中国の援助国としての台頭が国際援助協調の枠組みに与える潜在的な影響は、決して小さくはない。従来、国際援助社会の中心的アクターであるＯＥＣＤや国際機関（特に世界銀行）では、西欧諸国の視点の影響が強かったが、日本に続いて韓国がＤＡＣに加盟し、（国際援助社会の外での）中国の援助が拡大するなど、非西欧援助アクターの比重の増加が認められる。国際援助社会のこのような変化は、国際援助潮流にも変化をもたらす可能性がある。

特に、ＤＡＣや世界銀行を中心に進んできた援助ルールの共通化や効率化に向けた協調の枠組みに中国が入るか入らないかは、他の先進国の援助のあり方や、途上国の政策改善圧力を左右する可能性がある。中国に対する最低限の要求として、援助に関する情報の公開やルールの共通化やその遵守を中国に対して求める圧力は高まっている。今後、中国自身は、非欧米ドナーとしての新しい協調のあり方を追求するのであろうか。あるいは日本自身が、かつて非西欧ドナーでありながら国際援助協調を重視する方向に変化してきたのと同様に、中国もそのように変化していくのだろうか。

中国の援助の進め方や考え方は、インフラ建設に重点があること、内政には口を出さないことなど、かつて（１９７０－80年代）の日本の援助と似ている面もある。また、そうした過去の日本の経験と類似することから、日本自身の中にも中国との間での非西欧ドナーとしての協力関係の構築を模索する動きもある。後発援助国であった日本の経験を視野に入れながら、中国の経済成長が途上国の持続的発展や貧困緩和にどのように貢献しうるか、急増する中国の援助が国際社会（とりわけ欧米が主導する国際援助協調）との間でどのような問題に直面するかを検討することは、新たな大きな研究課題であるといえよう。

【註】

（1）中国国務院新闻办公室（２０１１）。
（2）中国の援助について最も体系的に取り上げたものとして次がある。下村・大橋・日本国際問題研究所（２０１３）。
（3）ミッシェル・ブーレ（２００９）。
（4）例えば、吉田（２０１１）、井上（２００８）、「中国、援助外交でラオス侵食」『週刊新潮』２００８年９月18日号、等。
（5）Li (2008), pp.377-431.
（6）前掲、中国国务院新闻办公室（２０１０）。
（7）Brautigam (2009).
（8）Moyo (2009).
（9）Halper (2010).
（10）Vines, Wong and Campos (2009), p.40.
（11）中国商務部・国家統計局・外為管理局（２００９）。

（12）前掲、Vines et al (2009).
（13）吉田（２０１０）、87頁。
（14）前掲、Vines et al (2009), p.15.
（15）CSIS (2008). なお、この報告書は現地での詳細なヒアリング等に基づくもので確度の高い情報としているが、在アンゴラ中国大使館はこの報告書に対して何のコメントもしなかったと記載されている。
（16）一方で、アンゴラの在留邦人は外務省によると２０１３年時点で、１０８人とのことである。
（17）２００１年度に９・01億円、２００２年度に９・75億円の無償資金協力を供与。
（18）アンゴラに滞在する中国人の数については正確な数値は不明だが、アンゴラ内務省によれば、中国人労働者ビザ発行数は２００４年の１９２人から２００７年の約２・２万人に急拡大し（CSIS (2009), p.23）、中国側の統計では２００７年に約４万人（Vines et al (2009), p.41）とされている。大きな推計値としては40万人ともいわれ（２００９年３月時点での現地ヒアリング）、２０１２年時点では、北京のアンゴラ移民局代表による数字として25万８９２０人との報道もある。
（19）例えば、ミッシェル・ブーレ（２００９）でもアンゴラの例を取り上げている。
（20）前掲、Brautingam (2009), Moyo (2009) 等。
（21）アンゴラ大使館（２０１３）「アンゴラ基礎データ」より。
（22）以下を参照。*UNIVERSO*, June, 2013, pp.8-12. および、日本貿易振興会・ヨハネスブルグ事務所（２０１２）、９－10、29－30頁。なお、双日のセメント工場周辺およびスンベ港は、２００９年の調査の際に現地周辺を視察することができた。
（23）１９９９年から２００９年までの援助額をみると、中国の援助総額は、オーストラリア、ポルトガル、日本、米国、ノルウェー、アイルランドに次ぐ７番目であり、最大ドナーのオーストラリアやポルトガルの約10分の１の水準である。
（24）Congressional Research Service (2008).

（25）SATO. SHIGA. KOBAYASHI. and KONDOH (2010). pp.20-22, 41.
（26）中国のカンボジアへの援助がカンボジアの経済・内政・外政に与えるインパクトについては以下でまとめた。稲田（２０１４）。
（27）例えば、前掲、Halper (2010).

［参考文献］

稲田十一「新興ドナーとしての中国の台頭と東南アジアへの影響」（第３章）、黒柳米司編（２０１４）『米中対峙時代のＡＳＥＡＮ』明石書店。

井上和子（２００８）「中国はなぜアフリカに進出するのか」『外交フォーラム』６月号。

小林誉明（２００８）「中国の援助政策―対外援助改革の展開」『開発金融研究所報』第35号。

下村恭民・大橋英夫・日本国際問題研究所編（２０１２）『中国の対外援助』日本経済評論社。

末廣昭・大泉啓一郎・助川成也・布田功治・宮島良明（２０１１）『中国の対外膨張と大メコン圏（ＧＭＳ）／ＣＬＭＶ』東京大学社会科学研究所。

日本貿易振興会・ヨハネスブルグ事務所（２０１２）『アンゴラの投資環境調査』。

セルジュ・ミッシェル、ミッシェル・ブーレ（中平信也訳）（２００９）『アフリカを食い荒らす中国』河出書房新社。

吉田栄一（２０１０）「アフリカにおける中国の経済進出」（第３章）、平和安全保障研究所（２０１０）『中国のアフリカおよびオセアニアにおけるプレゼンス』（平成21年度防衛所委託研究）。

吉田鈴香（２０１１）「寂しき大国、アフリカを貪る」『正論』３月号。

Chris. Alden (2005) "Red Star. Black Gold." *Review of African Political Economy*, 32,104/5.

Deborah Brautigam (2009). *The Dragon's Gift: The Real Story of China in Africa*, Oxford University Press.

CDRI (2011). *Assessing China's Impact on Poverty Reduction in the Greater Mekong Sub-region: The Case of Cambodia.*

Congressional Research Service (2008), *CRS Report: China's "Soft Power" in Southeast Asia*, January.
CSIS (2008), *Angola and China: A Pragmatic Partnership*, Center for Strategic and International Studies (Washington D.C.), March.
Stephan Halper (2010), *The Beijing Consensus: How China's Authoritarian Model will Dominate the Twenty-first Century*, Basic Books.（ステファン・ハルパー（園田茂人・加茂具樹訳）（２０１１）『北京コンセンサス―中国流が世界を動かす』岩波書店。）
Dambisa Moyo (2009), *Dead Aid: Why Aid is Not Working and How There is Another Way for Africa*.（ダンビサ・モヨ（小浜裕久監訳）（２０１０）『援助じゃアフリカは発展しない』東洋経済新報社。）
Leokowitz, McLellan Ross, & Warner (2009), *The 88 Queensway Group: A Case Study in Chinese Investors' Operations in Angola and Beyond*, U.S.-China Economic & Security Review Commission.
Li Rougu (2008), *Institutional Sustainability and Economic Development: Development Economics Based on Practices in China*, China Economic Publishing House.
Jin SATO, Hiroaki SHIGA, Takaaki KOBAYASHI, and Hisahiro KONDOH (2010), *How do "Emerging" Donors Differ from "Traditional" Donors?: An Institutional Analysis of Foreign Aid in Cambodia*, JICA Research Institute, March.
Denis M., Tull (2006), "China's Engagement in Africa: Scope, Significance and Consequences," *Journal of Modern African Studies*, 44(3).
Alex Vines, Lillian Wong, Markus Weimer and Indira Campos (2009), *Thirst for African Oil: Asian National Oil Companies in Nigeria and Angola*, A Chatham House Report.
中国商務部・国家統計局・外為管理局（２００９）『対外直接投資統計公報』中国商務部。
中华人民共和国国务院新闻办公室（２０１０）『中国与非州的経貿合作』（中国とアフリカの経済貿易協力）。
中华人民共和国国务院新闻办公室（２０１１）『中国的対外援助』（中国の対外援助）。

コラム④　中国の「四位一体」型海外進出の拡大

中国の対外援助といっても、公式統計では、商務部と外交部が所管する無償援助・特恵貸付を中心とする「対外援助支出」のみが公表されている。しかし金額的には、中国の開発途上国への経済支援としては、融資（中国輸出入銀行の優遇借款）が最も大きく、また、その借款事業を中国企業が受注することを通じて、中国企業の進出・投資の拡大も顕著である。

通常、援助と貿易・投資が同時並行で拡大することを「三位一体」の海外進出として取り上げることが多い。しかし、中国の場合、これに加えて中国企業と中国人労働者の進出もともなった経済関係の強化が進展しており、これを「四位一体」の海外進出と称する。具体的な金額を見ると、2001年を基準にすると2009年までの9年間に、中国の輸出額は4・5倍、中国からの直接投資は11・4倍、対外援助支出は3・4倍、対外経済合作契約金額は6・9倍と、2000年代に入って急拡大している（末廣等、2011：55）。

その中でも特に中国のアフリカへの経済進出は、アンゴラにとどまらず、目を見張るばかりの急拡大である。以下の2つの図が示すように、2002年時点では対アフリカ

日中の対アフリカ輸入額の推移　　日中の対アフリカ輸出額の推移

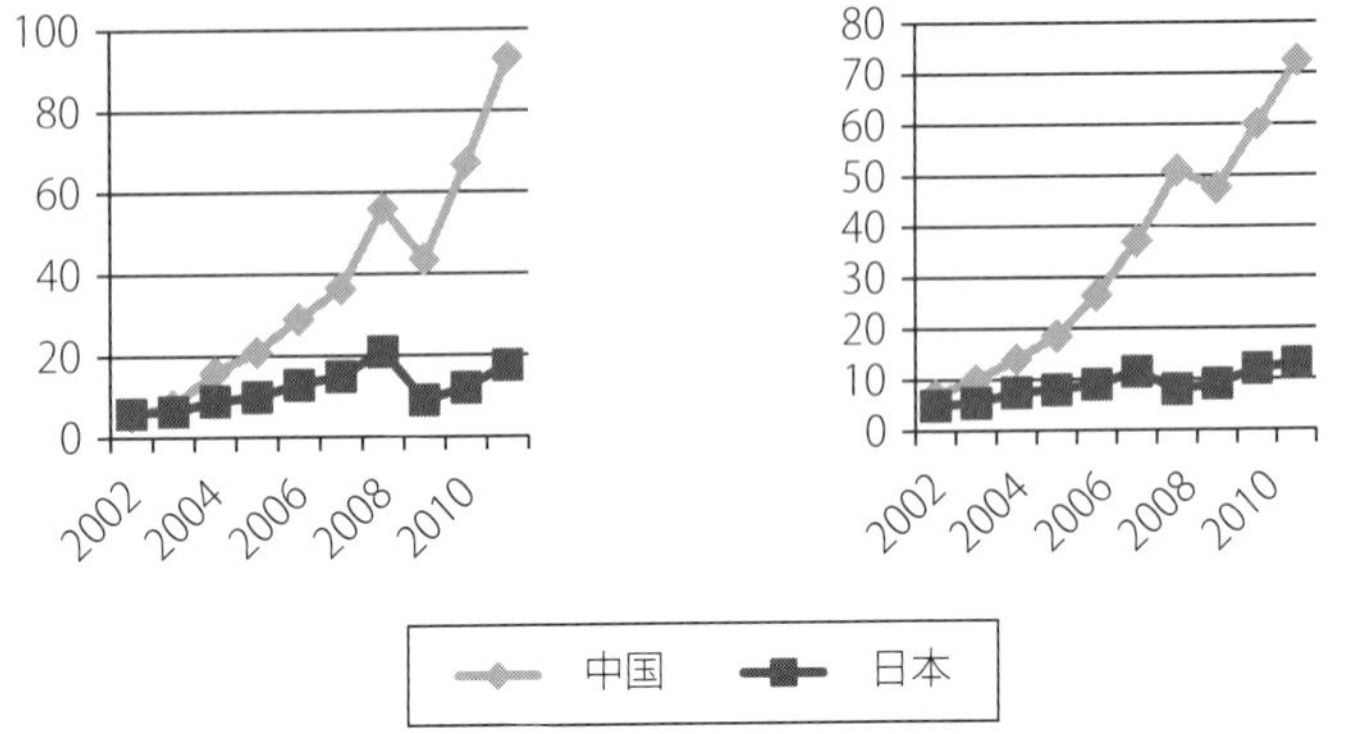

（注）いずれも，単位：10 億ドル，国連統計（COMTRADE）より作成。

輸出入額で日本と中国の差はほとんどなかったが、その後の10年間で中国の対アフリカ輸出入額は急拡大し、２０１１年時点では、中国の対アフリカ輸出入は日本の約５・５倍程度まで広がっている。中国経済の成長にともない中国は膨大な資源を必要とし、過去10年、中国は資源豊富なアフリカ諸国との経済関係の強化に力を入れてきたことが背景にある。日本はこうした中国の積極的な対アフリカ経済外交に完全に遅れをとってきたといえよう。近年、ようやくアフリカ諸国との経済関係強化に本腰を入れ始めたが、大きく中国の後塵を拝しているのが現状である。

第5章　地雷除去活動とその支援

ＯＥＣＤ（経済協力開発機構）のＤＡＣ（開発援助委員会）が定義しているＯＤＡの統計の中には「紛争、平和及び治安」に関連するカテゴリーとして分類されている分野がある。具体的には「治安制度運営・改革」「文民平和構築・紛争予防活動」「国連を通じた紛争後平和構築」「除隊兵士支援・小型武器管理」「地雷除去」「児童兵士対策」であるが、このうち、90年代から日本が力を入れている分野が地雷除去支援である。

アンゴラはアフガニスタンやカンボジアなどと並んで、世界で最も多くの地雷が埋設され残存している国といわれている。また、日本は地雷除去分野の支援を重視しており、すでにカンボジアなどでさまざまな支援を実施してきたが、アンゴラでもカンボジアの経験を踏まえ、その支援を拡大しつつある。

以下では、まず国際社会および日本の地雷除去分野での取組みについて概観したのち、アンゴラおよびカンボジアの地雷除去分野の現状と課題、そして日本の関わりについて、順に見ていくことにしたい。それを通じて、地雷除去支援とは何をすることか、何が日本の貢献なのか、について考える材料としたい。

第1節　地雷除去をいかに進めていくか？

対人地雷は、カンボジア、アフガニスタンなどの紛争地域を中心に世界各地に埋設されており、戦闘員でない一般市民に対して無差別に被害を与えるという、きわめて重大な人道上の問題を引き起こしている。また、埋設された地雷は、埋設国の紛争終結後の復興と開発にとって大きな障害となる。農作業をするにも、工場や商業施設や道路・鉄道などのインフラを整備するにも、まずこうした地雷の除去が前提となるため、地雷除去は、アンゴラやカンボジアをはじめ紛争後の多くの国で大きな課題となっている。

1－1　地雷問題への国際社会の取組み

まず、地雷がこのように世界の紛争関連地域に大量にばらまかれてきた背景を整理しておこう。

第一は、地雷が安価で製造がしやすく、また戦闘において陣地防衛や防衛ラインの防御に有効な武器とされてきたからである。世界中の多くの内戦で、対立する勢力が長く争った地域ほど多くの地雷が敷設・埋設された。アフガニスタンやカンボジアなどがその典型であり、アンゴラでも27年もの長期間にわたり二大勢力が争ったため、道路・鉄道・発電所・通信施設・港湾など戦略的に重要な地域を中心に、全土に地雷がばらまかれた。

第二に、こうした地雷を内戦のある途上国地域に供給する外国があったことである。冷戦下では、多くの内戦が東西代理戦争の様相を呈し、東側では（旧）ソ連、西側では米国を筆頭に途上国の武装勢力に地雷などの武器を供与した。また、イギリスや中国や東欧製の地雷も数多い。それは地雷が比較的安価であり、武装勢力が必要な武器として購入がしやすく、またほとんど規制されることもなく販売・提供されたからでもある。また、地雷は小型で持ち運びや搬送が容易であることも、その数が膨大となった理由といえる。今日、アフガニスタンやカンボジアやアンゴラなど長い内戦を経験したどこの国でも、ある特定の国が製造した地雷が集中しているわけではなく、製造国もバラバラでさまざまな種類の地雷が存在しているのが実態である。

こうした地雷は、一般市民にとっても大変危険である。また、地雷の撤去には大変な手間と労力がかかり、具体的には膨大なコストとなって跳ね返ってくる。多くの紛争後の途上国には、こうした地雷除去のための膨大なコストを負担する余力はなく、放置されがちである。また、一般市民が地雷に触れ、一生障害を持ったまま生きていかねばならず、それは本人のみならず社会にとっても大きな負担となる。一般市民が影響を受けるという点でも、地雷はきわめて非人道的な武器であるといえよう。

対人地雷対策に国際社会が取り組み始めたのは1980年代後半から1990年代初頭に

かけてであり、国連と国際ＮＧＯが主導的な役割を果たしてきた。

国連がはじめて対人地雷対策のために国際社会に対して資金協力を求めたのは、１９８８年のアフガニスタンにおける人道的地雷除去活動に関するアピールであった。続いて、国連はカンボジアにおいて地雷除去活動に取り組んだ。カンボジアには１９９２年からの国連暫定統治（ＵＮＴＡＣ）に先立って、91年に国連カンボジア先遣ミッション（ＵＮＡＭＩＣ）が展開したが、国連安保理は92年1月の決議で、ＵＮＡＭＩＣの任務の１つに地雷除去と地雷除去訓練を加えた。さらに92年6月には国連によりカンボジア地雷対策センター（ＣＭＡＣ）が設立された。国連はその後モザンビーク、アンゴラなどで積極的に地雷対策活動に関与するようになった。

さらに、１９９７年には、国連ＰＫＯ局の中に国連地雷対策サービス部（ＵＮＭＡＳ）が設立され、国連による地雷対策の総合調整を担うことになった。国連の中では、国連開発計画（ＵＮＤＰ）、国連児童基金（ＵＮＩＣＥＦ）を中心に全部で13の異なる機関がそれぞれの責任に応じて地雷対策に関わっており、ＵＮＭＡＳはこれらの機関を統括する立場にある。

一方、特に１９９０年代初頭より国際社会の関心が高まり、国連のほか、赤十字国際委員会（ＩＣＲＣ）や多くのＮＧＯが対人地雷問題への取組みの重要性を訴えた。このような流れの中、対人地雷全面禁止条約が、１９９６年10月に開催されたオタワ会議に端を発するオタワ・プロセスを通じて検討・議論され、１年余りという速さで署名に至った（1）。同条約は、対人地雷の使用、貯蔵、生産、移譲等を原則的に禁止し、貯蔵地雷の4年以内の廃棄、埋設地雷の10年以内の除去等を義務付けるとともに、地雷除去、犠牲者支援についての国際協力・援助等を規定している。

この対人地雷全面禁止条約に多くの国が署名するに至ったプロセスは、国際NGOが大きな役割を果たした代表的な成功例として取り上げられることが多い。その過程で中核的な役割を果たしたNGOの連合体である「地雷禁止国際キャンペーン（ICBL）」とその報道官であったジョディ・ウィリアムズはその活動が評価され、1997年にノーベル平和賞を受賞した。もっとも、この対人地雷禁止条約には、地雷の最大保有・生産国である米国・中国・ロシア等が加盟しておらず、大きな課題が残っている。

1－2　地雷埋設国での地雷除去の取組み

他方、地雷埋設国での具体的な地雷対策活動に目を向けると、そこでも国際NGOの貢献を抜きに語ることはできない。地雷除去を専門に取り組むはじめての国際NGOであるヘイロー・トラスト（Halo Trust）は1988年に設立されたが、これに続き、1980年代後半から地雷除去・犠牲者支援分野において新たなNGOが設立されたり、既存のNGOが地雷対策活動を始めるなどして、NGOによるこの分野の活動が積極化した。

また、国連やこれらの国際NGO組織の活動を支えてきたのは、世界各国からの援助であ

表５－１　地雷除去分野への国際社会の支援
(2005－2011 の７年間合計の上位 10 カ国)

（単位：百万ドル）

	2005	2006	2007	2008	2009	2010	2011	合計
米国	81.9	94.5	69.8	85.0	118.7	129.6	131.4	710.9
EC	47.7	87.3	45.7	22.8	48.1	49.8	19.3	320.7
ノルウェー	36.5	34.9	50.2	36.7	35.7	50.3	53.4	297.7
日本	39.3	25.3	35.5	51.4	48.0	46.8	43.0	289.3
カナダ	20.5	28.9	45.8	43.2	18.8	30.1	17.0	204.3
オランダ	19.3	26.9	23.5	28.3	18.4	22.8	21.3	160.5
ドイツ	21.2	18.6	18.4	26.7	23.7	23.4	23.6	155.6
オーストラリア	8.9	16.5	16.7	18.2	19.4	24.4	45.7	149.8
英国	21.5	19.4	25.2	24.9	17.9	16.3	18.0	143.2
スウェーデン	11.7	14.9	17.5	18.9	14.9	13.0	12.2	103.1
総額	370.4	467.6	425.1	455.1	448.9	480.4	466.7	3,114.3

出所：http://www.the-monitor.org

表５－２　地雷除去分野への受取国別支援金額
(2005－2011 の７年間合計の上位９カ国)

（単位：百万ドル）

	2005	2006	2007	2008	2009	2010	2011	合計
アフガニスタン	66.8	87.5	86.3	105.1	106.6	102.6	98.7	653.6
イラク	27.8	35.3	37.3	35.9	34.7	37.2	34.4	242.6
カンボジア	23.9	29.6	30.8	28.1	33.3	24.3	35.8	205.8
スーダン	46.9	28.9	29.2	39.1	23.0	27.0	6.0	200.1
アンゴラ	35.8	48.1	19.8	22.1	18.8	42.3	8.4	195.3
レバノン	6.3	68.8	28.3	27.8	21.2	20.9	11.1	184.4
スリランカ	19.5	9.9	7.6	8.2	24.8	26.3	24.6	120.9
ボスニア・ヘルツェゴビナ	15.0	15.4	17.1	24.6	18.5	11.8	12.6	115.0
ラオス	7.2	13.3	12.2	12.7	11.0	20.8	21.6	98.8
グローバル	47.5	35.6	77.8	39.9	64.5	40.1	52.0	357.4

出所：http://www.the-monitor.org，なお，「グローバル」は対象国を特定しない国連機関等の支援の総受取額であり，世界の総額ではない。

る。対人地雷対策に向けられる国際社会からの援助資金は、１９９０年代以降、地雷問題への国際的な関心の高まりを受けて急増してきた。また分野別で見ると、当初はもっぱら地雷除去支援が全体額の大部分を占めていたのに対し、支援規模の増加に応じて、除去活動に加え、地雷対策センターの設立や機能強化等を目的とした総合的地雷対策支援や、犠牲者支援・地雷啓発等の分野にも援助資金が向けられるようになってきている。

国際社会全体としての対人地雷対策活動に対する支援実績額の推移を示したのが表５－１である。２００５年から２０１１年までの国際社会の支援額をみると、地雷対策分野における最大支援国は米国である。続いて、日本の支援額が米国、ＥＣ（ＥＵの行政府である欧州委員会）およびノルウェーに次いで第４位となっており、それに続いて、オランダ、ドイツ、英国など欧州諸国やカナダ、オーストラリアも地雷対策支援に積極的に取り組んでいる。

一方、地雷分野の支援の受け手国をみると、表５－２に示されているように、アフガニスタンが圧倒的に多い。それに続いて、イラク、カンボジア、スーダン、アンゴラなどが主な国となっている。

１－３　日本の地雷対策への取組み

日本政府は、自国の防衛に必要である等の理由から、対人地雷の生産・配備を行ってきた。また、１９９０年代初頭からの対人地雷全面禁止をめぐる国際世論の高まりに対しては、将来的な全面禁止には賛成との立場をとりつつ、即時全廃に対しては慎重な態度を維持した。しかし、対人地雷全面禁止条約に対しては、従来の政策を転換し、1997年12月、オタワ条約に署名した。

日本政府は、このときのオタワ条約への署名に際し、その一方で「犠牲者ゼロ・プログラム」を提唱した。同プログラムの下で、日本は、「犠牲者ゼロ」の目標に向けて、「普遍的かつ実効的な条約の作成」と「地雷除去活動・犠牲者支援」を車の両輪とする包括的アプローチを打ち出した。このうち、「地雷除去活動・犠牲者支援」については、その後5年間を目途に100億円規模の支援を行うことを表明した。「犠牲者ゼロ」という目標については、問題は地雷の数ではなく安全であり、かつ、道路や農地に使用可能である土地面積を拡大し、犠牲者の発生件数をゼロとすることが重視された。

さらに日本政府は、「犠牲者ゼロ・プログラム」の一環として、対人地雷除去活動支援をするための武器輸出三原則等の例外化を打ち出した。すなわち地雷除去機についてはこれを武器の例外として輸出を認めることとし、その後、山梨日立やコマツの地雷除去機を世界に販売ないしODAとして供与するようになった。それまでは、地雷除去機は「武器」の一種として、海外への輸出も援助としての供与も禁止されていたのである。

こうした日本の地雷除去活動支援の最も典型的な事例となる国が、後述するカンボジアである。アンゴラは、ようやく支援が始まった段階である。

次いで、日本の地雷除去分野の支援スキームと日本の取組みについてまとめておくことにしよう。日本政府の地雷対策支援は、さまざまなODAの支援枠組みを用いて実施されてきている。やや細かい説明になるが、次のようなさまざまな支援スキームが使われている。

①　一般プロジェクト無償資金協力

地雷対策支援分野では、これまで、カンボジア、ベトナム、ボスニア・ヘルツェゴビナ等に対して、一般プロジェクト無償資金協力による支援が実施されてきている。これは、相手国政府が実施するプロジェクトに対して資金供与を行うものであり、中でも、対人地雷対策支援を目的とする一般プロジェクト無償資金協力は「対人地雷対策支援無償資金協力」と呼ばれ、地雷除去のための金属探知機や灌木除去機などの供与が行われてきた。

②　緊急無償資金協力

日本政府はこれまで、アフガニスタンやモザンビーク等の国を対象として、UNDP、UNMAS、ICRC等の国際機関を拠出先とする緊急無償資金協力を実施してきた。この支援枠組みでは、緊急性を要するという特殊性から、他の無償資金協力と比較して、資金供与がなされるまでの手続が簡素化される。また、一般プロジェクト無償資金協力が相手国政府に対する支援を原則とするのに対して、この支援枠組みは、相手国政府のみならず、国際機関に対する支援にも利用される。これは、復興開発支援等を必要とする国・地域においては、相手国政府が支援実施主体としての十分な能力を備えていなかったり、支援の受け手となる政府が存在しなかったりする場合が想定されるためである。

③　草の根・人間の安全保障無償資金協力

これは、開発途上国の地方政府、教育・医療機関、および途上国において活動しているＮＧＯ等が、現地において実施する比較的小規模なプロジェクトに対して資金協力を実施するものである。地雷対策支援分野において、この支援枠組みは、地雷除去から犠牲者支援、地雷教育に至るさまざまな目的のプロジェクトを支援するため幅広く活用されてきている。

④　日本ＮＧＯ支援無償資金協力

これは、日本のＮＧＯが開発途上国・地域で実施する経済・社会開発および緊急人道支援プロジェクトに対して資金協力を行うものであり、１９８９年度より草の根無償資金協力スキームの下で日本のＮＧＯに対して実施されてきた支援と、２０００年度より日本のＮＧＯを対象として開始されたＮＧＯ緊急活動支援無償を統合して、２００２年度より開始されたものである。この中では、「対人地雷関係支援」が具体的な支援形態の１つとして掲げられている。

対人地雷対策支援分野では、カンボジア、アルバニア、マケドニア、それにアンゴラ等において地雷除去活動や犠牲者支援に取り組む日本のＮＧＯに対して、この支援が拠出されてきている。なお、地雷除去分野での日本の代表的なＮＧＯとして、陸上自衛隊ＯＢを中心に２００２年に設立された「日本地雷処理を支援する会（ＪＭＡＳ）」がある。

⑤　研究支援無償資金協力

日本政府は、２０００年12月、「対人地雷除去のための新たな取組」の１つの柱として「対人地雷除去技術の研究・開発支援」を打ち出し、対人地雷除去を含め途上国に裨益する新しい技術の研究・開発支援を行うことを目的として、２００１年度よりこの支援枠組みを開始した。これまでに、研究支援無償スキームを利用し、アフガニスタンやカンボジアにおいて地雷除去技術研究プロジェクトが実施されてきている。

第２節　アンゴラの地雷と除去活動

以下では、アンゴラの地雷分野の概況や、アンゴラにおける地雷除去実施機関であるＩＮＡＤ（アンゴラ地雷除去院）の概要や同機関による地雷除去活動・除去機活用状況等についてまとめておこう。それを紹介しながら、地雷除去支援とは何をすることか、何が日本の貢献なのか、について考える材料としたい。

アンゴラの地雷除去活動とそれに対する支援に関しては、２０１０年８－10月に、アンゴラの地雷除去活動に対する今後の支援に関するＪＩＣＡの情報収集調査を実施する機会を得ることができ、首都ルアンダのみならず、全国各地の州支部を訪問し、地雷除去実施中ないし実施済の現場の多くを視察することができた。以下の記述はそうした経験に基づくものであり、その際に作成した報告書をもとにまとめ直したものである(２)。

２－１　アンゴラの地雷状況と地雷除去支援

アンゴラでは、２００２年の停戦合意に至るまでの長年の内戦の間に、ＭＰＬＡ（旧ソ連・キューバが支援）とＵＮＩＴＡ（米国・南アフリカが支援）の双方が、多種（およそ60種類）かつ膨大な数（６００～１０００万個）の地雷を埋設したといわれ、多くの被害者を出した。これほどまでに多くの地雷が埋設されたのは、アンゴラの内戦が対抗勢力間の陣地戦となり、特に主要都市をめぐって一進一退の戦いを繰り広げたからである。主要な幹線道路、鉄道、駅、発電所、ダム、無線基地局、テレビ・ラジオ塔、飛行場、灯台など、主だった施設の周辺には必ずと言っていいほど地雷が埋設された。今日、インフラ整備にともなって、地雷を除去しなくては工事が進まないところが多く、地雷除去は必須の作業である。また、残存地雷によって、少なからず住民の被害が発生している。また、内陸の農民にとっても、地雷が埋設されている可能性のあるところでは農作業ができず、農業への影響も無視できない。

ただし、その埋設地雷の数や人的被害の状況、地雷除去面積などは、複数の地雷除去機関によってそれぞれ発表されているが、その数値・内容は機関によって異なっているのが実態である。アンゴラの地雷埋設状況を示すデータは、「地雷インパクト調査（Landmine Impact Survey：LIS）」報告書に詳細が記されている。それによれば、地雷汚染面積は約1300㎢、地雷に汚染されているコミュニティ数は1988カ所（全コミュニティ数の約8％）、地雷汚染コミュニティに居住する住民の数は238万人（アンゴラ全人口の約17％）とされている。

地雷汚染面積の数値については、上記以外にもさまざまな数値が存在するが、地雷除去計画をとりまとめる政府機関がだしている「2006－2011地雷除去戦略計画」でも、およそ1300－1400㎢とされており、「現在の地雷除去のスピードでは地雷の除去に130年かかる」との記載がある。

アンゴラの国全体の地雷に関連する機関には、政府機関として社会復興省、地雷除去執行委員会（CED）、地雷除去・地雷被害者人道支援調整委員会（CNIDAH）、地雷除去院（INAD）、国家復興本部（GRN）、アンゴラ陸軍（Forças Armadas Angolanas：FAA）、州・地方団体等があり、そのほかに、地雷対策に関連する国際NGO、国内NGO、地雷除去企業がある。

表5－3　アンゴラの地雷除去のための予算・援助（2005－11年）

単位：千米ドル

年	国内予算	国際援助	合計予算
2005	3,000	35,772	38,772
2006	2,500	48,108	50,608
2007	n.a.	19,795	19,795
2008	30,085	22,137	52,222
2009	34,515	18,842	53,357
2010	29,183	42,299	71,482
2011	59,609	8,350	67,959
合計	158,892	195,303	354,195

出所：Landmine & Cluster Munition Monitor: Angola（2010）および（2012）より作成。

ＣＮＩＤＡＨは、３本柱（地雷除去、地雷危険回避教育、被害者支援）を中心として、地雷除去全体を計画・管理する委員会として２００１年に設立された。委員会は、関連省庁（計画省・財務省・公共事業省・農業省・工業省・内務省・国防省等）の代表者から構成され、社会復興大臣が委員長を務め、省庁間の横断的調整を行うとされている。他方、ＩＮＡＤは具体的な地雷除去作業の実施機関であり、地雷除去部隊、地雷除去トレーニングセンター、地雷関連機材ロジスティック部門、および管理部門から構成されている。

これらの国家機関の地雷除去に関わる具体的な予算情報について入手することは困難であり、国際ＮＧＯが協力し世界各地の地雷埋設状況や除去状況を把握して発表している「地雷モニター（Landmine Monitor）」では、表５－３のような統計が公表されている。これをみると、２００８

表５－４　アンゴラ地雷除去活動への主要ドナーの支援（2008年，2011年）

単位：千米ドル

ドナー名	主な地雷除去実施団体	2008年	2011年
米国	国務省	8,263	8,350
英国	MAG, HALO	2,518	
オランダ	MAG, NPA, HI	1,912	1,993
デンマーク	DCA	1,232	
日本	外務省，JMAS	1,730	1,223
ドイツ	SIB, GTZ	980	
フィンランド	Finnish Red Cross/ICRC	941	1,045
その他		1,266	836
合計		18,842	13,276

出所：Landmine Monitor 2010, 2012より作成。

年以降、国内地雷除去機関の予算は２００６年以前と比べるとかなり増えており、国際社会からの支援は年により差があるが、全体としては、徐々に合計予算が増えていると考えられる。

一方、表５－４は、２００８年および２０１１年のアンゴラに対する主要ドナーによる支援を示したものである。これをみると、アンゴラにおける地雷除去支援金額に関しては、米国が圧倒的に大きく、次いで英国、オランダと続き、デンマーク・日本・ドイツといったところが第三グループということができる。ただし、２００９年には13のドナーが支援していたが、２０１０年には11、２０１１年には５つのドナーに減っており、次第にＩＮＡＤなどアンゴラ自身の取組みに委ねる方向である。

2−2 地雷除去機関（INAD）の体制

アンゴラ政府の地雷除去活動の実施機関としての役割を担っているのが、INADである。INADは、特に社会経済復興プロジェクトに関する地雷除去を主たる業務とし、その他の地雷除去機関であるFAA（アンゴラ陸軍）やGRN（国家復興院）の除去技術訓練の役割も担い、具体的には、INADの地雷除去現場にFAAやGRN職員を実習生として受け入れて一定期間の訓練を行っている。また、INADは地雷除去のみならず、地雷回避教育に関して地域住民に対する指導・監視も行っている。

INADの地雷除去活動に関する予算には2種類ある。1つは、日常的に実施する地雷除去作業の運営経費であり、もう1つは地雷除去機材または関連機材・車両の購入費であり、両方とも基本的に国家予算で賄われている。日常的運営費は年間約10億円相当と推定されている。INADの従業員は約1000人で、このうち80％が除去作業部門、20％が事務管理部門とされる。

2010年9月時点で、INADは保有する地雷除去機の配備拠点を再編して、3カ所（ルアンダ州ヴィアナ市、ウアンボ州ウアンボ市、ウイラ州ルバンゴ市）に集約しつつある。チェコ製の地雷除去機である「ボゼナ5」については、すでにヴィアナに集約されており、今後、山梨日立機についてはウアンボに集約、ドイツ製の地雷除去機である「マインウルフ」については、ウイラ州のルバンゴに集約する計画を持っていた。

写真５－１　山梨日立のプッシュ型地雷除去機
（ベンゲラ州，2010年９月，以下同時期）

地雷除去機をメーカーごとに地域的に分けて３つの訓練センター（兼、保守維持管理センター）に集約を図る理由については、各訓練センターが１つのメーカーの機材を扱えば、保守維持管理の面から好都合であることが考慮されていると推測される。また、道路交通網が急速に整備されていることから、交通の要衝にある各保守維持管理センターからは、アンゴラの主要な都市にはその日のうちにトラック輸送で移動可能な状況が生まれつつあるということを踏まえた配備計画だと考えられている。

ＩＮＡＤが購入した山梨日立製の地雷除去機は大型で、その重量はバックホー型で40トン、プッシュ型で30トンとされている。いずれも日立製の建機をベースにその関連会社である山梨日立が地雷除去機として改造したもので、金額的には１億円ほどする高価なものである。他方、地雷除去ＮＧＯとして活躍しているヘイロー・トラスト（Halo Trust）が使っている

写真５－２　Halo Trust が使用する CASE 機（ウアンボ州）

ＣＡＳＥ機はより小型で、その重量はホイールローダ型で17トンとされている。こちらはアメリカ製の建機をヘイロー・トラストが地雷除去機として改造したもので、金額的には1台１０００万円以下といわれており、費用対効果を考えると、とても効率的な機械である。

２０１０年に、地雷除去活動で世界一の実績を誇るヘイロー・トラストのウアンボ市郊外の除去現場を訪問する機会があった。その地雷除去機（ＣＡＳＥ機）は、「地雷が埋まっていると想定される場所の土砂をすべて取り除く」というのが基本的コンセプトであり、「攪拌して地雷を破壊する」という、山梨日立のプッシュ型地雷除去機のようなチェーン攪拌装置やロータリカッター攪拌装置は使用しない。シンプルな構造で、かつ除去率が高い。へイロー・トラストはＣＡＳＥ機（汎用建設機械）の中古車を購入し、自身が持つ地雷ノウハウを使って対人地雷用機械・対戦車用機械を開発している。開発された機械は世界の地雷原で活動する地雷除去チームによって活用されている。このＣＡＳＥ機は、対人地雷用バスケットと対戦車地雷のバスケットを使いわけ、また、メカニカル・チームとセットとなったきめ細かい使い方によって使用効率をあげており、あたかも人間の手を大きな機械で代用しているような感じであった。

2―3　ＩＮＡＤによる地雷除去活動の現状

アンゴラの除去活動に関する調査で、ＩＮＡＤの本部をはじめ、全国各地のＩＮＡＤ支部と地雷除去現場を訪問したが、ＩＮＡＤの多くの担当者に大変お世話になった。余談であるが、私の名前はＩＮＡＤＡできわめて似ているため何となく親近感もあり、各地で自己紹介をする際に「私はＩＮＡＤＡだ」というと、先方も親近感を持って打ち解けていろいろと話をすることができたように思う。

主な訪問先は、ルアンダ州ヴィアナ市訓練センター、ウアンボ州ワークショップのほか、ウアンボ州（ウアンボ市）、ベンゴ州（カシト市）、クアンザ・スル州（スンベ市）、ビエ州（クイト市）、ベンゲラ州（ベンゲラ市）であり、各支部を訪問し、その地雷除去活動を確認し、地雷除去機の稼働現場視察を行った。ＩＮＡＤの地雷除去は、工場の建設用地であったり住民の生活に不可欠な場所の地雷除去を主たる任務としているので、各地の開発と住民の生活状況をつぶさにみることができた。また、あわせて内戦下の状況も詳しく聞くことができたので、以下で概要を紹介しておきたい。

写真５－３　チェコ製地雷除去機「ボゼナ５」（ヴィアナ）

①　ヴィアナ・ロジスティックセンター

ヴィアナは、首都ルアンダから車で1時間くらい離れた郊外である。周囲は中国系企業が数多く存在する工業団地となっている。

訓練センターの奥の方に、ロジスティックセンターがあり、地雷除去機やそれを運搬するボルボの大型トレーラーなどが多数保管されており、必要に応じて、各除去現場へ配送する。「ボゼナ５」はチェコ製の地雷除去機で、戦車とブルドーザーを合わせたような形をした比較的小型の地雷除去機であり、それが10台程度、保管されていた。また、訓練センターでは地雷除去要員の訓練や研修がなされている。

②　クアンザ・スル州支部

ここでは2つの地雷除去現場をみることができた。

1つは綿花畑用地である。以前は陸軍射撃訓練所だった土地に、韓国の援助機関であるＫＯＩＣＡ（韓国国際

写真５－４　灯台周辺の地雷原除去現場（クアンザ・スル州）

協力団）の資金援助を受けて農業省が綿花事業を開始しつつあり、そのための用地の地雷除去を実施した。訪問時（２０１０年９月）には、韓国企業が、綿花栽培に必要な灌漑用導水管の埋設工事を進めていた。ヒアリングによれば、地雷除去機による除去作業終了後、導水管工事の際に対人地雷の爆発事故があった（幸い負傷者はなし）とのことであり、これは地雷除去作業の精度コントロールが必ずしもできていないことを示唆している。

もう1カ所は、海岸沿いの高台にある灯台周辺である。視察時には、地雷除去活動を実施中であった（マニュアル・チームが10人）。戦争中に重要施設である灯台を守るために埋設された、幅25ｍの地雷敷設ベルトの地雷除去が目的である。現場周辺は植生に加え金属片や鉄条線等が多く、かつ凹凸があるので、地雷除去機は使用できず、すべて手作業で除去していた。地雷除去員は、その間、数カ月にわたりテントに泊まり込みとのことであった（写真５－４参照）。

③　ベンゲラ州支部

ベンゲラはアンゴラ中部の海岸沿いの昔からの中心都市であり人口も多いため、開発事業も多く、したがって地雷除去の活動場所も多い。視察時には実際に除去活動中の次の2カ所をみることができた。

1つは、ベンゲラに隣接する大きな港のある中核都市ロビト近郊の、国営石油会社ソナンゴールの精油所建設予定地の地雷除去である。ちなみに、アンゴラは石油産出国であるが、これまで石油精製施設がなく、原油を輸出して精製されたガソリン等を輸入していた。アンゴラ政府にとって精油施設建設は悲願であり、中国（輸出入銀行）の融資により精油所建設が始まったが、建設途上で契約条件をめぐって対立があり、中国との契約は破棄された。しかし、精油施設の建設は自力で継続され、現在ではその精油施設が稼働し始めたと報じられている。

この土地は、内戦時は軍隊の訓練所として使われており、その跡地のＵＸＯ（不発弾）除去が目的であり、処理対象物の１００％がＵＸＯである（地雷はなし）。現場状況は、大きな凸凹のある地形で、高さ２－３ｍの灌木と草が繁茂しており、その中に軍隊訓練時のＵＸＯが散乱している。ＵＸＯ除去計画の総面積は約３５００万㎡と広大で、第1区画（総面積の40％）は、２００８年5月に活動開始し、約2年でＵＸＯ除去を完了した（除去物はＵＸＯ約５０００個とのこと）。

ＵＸＯ発見時の対応としては、山梨日立の地雷除去機で爆破すると破片がバラバラに散ら

写真５－５　灌木除去作業をする地雷除去機（ベンゲラ州）

ばるので、見つけた段階で作業を中止し、地雷除去専門家を呼んで、特殊機械を使って取り出し、特別の保管場所へ運び、その後で爆破処理するという手順となる。使用している地雷除去機は、山梨日立のバックホー型１台で、標準バケット（通常の建機のバスケットのようなもの）を使っていた（写真５－５）。石が多く、フレールやロータリカッターでは機材が壊れやすいので使用しないとのことであった。地雷除去機を動かしているのは、日本の山梨日立で研修を受けた経験のあるメカニック・チームである（写真５－６）。

もう１つの視察現場は、ロビト南方のカトゥンベラ飛行場である。内戦時も含めこれまでは軍用の国内空港として使われてきたが、２０１２年から国際空港として活用するため、地雷除去を進めていた。２００９年３月に除去活動を開始し、２０１０年９月時点で約10・９万㎡を完了し、対人地雷５０４個、対戦車地雷６個、不発弾（ＵＸＯ）８８５個を発見・破壊したとされる。除去作

写真５－６　日本で研修を受けたメカニック・チーム

業手順としては、まず山梨日立機で草を除去しながら、ひととおり地雷除去作業を行い、その後マニュアル・チームが地雷探知と除去作業を行う。現場の担当者は、「地雷除去機は有用であるが、砂塵の巻き上げと機械での作業後も金属片が残ることが難点である」と指摘していた。つまり、地雷除去機で地雷除去が完了するわけではなく、結局は、手作業で除去作業をやらなくてはならないというのが現実であった。

④　ウアンボ州支部

ウアンボはアンゴラ内陸の中心都市である。内戦中、最も激しい戦闘があったところであり、残存地雷も数多い。ここでも以下の２カ所の地雷除去現場をみることができた。

１つは、ウアンボ市内の、現在は教会が運営する病院としても使われている、旧軍事施設の隣接地周辺である。地雷除去総面積は約６０００㎡であり、面積としてはそれほど広くないが、軍の施設の回りであったため多くの地雷が埋設された。また、現在では多くの住民が通過する道に面している。すでに地雷除去作業は終わっているが、その際に発見された地雷以外の金属片がまとめて積み上げられており、足を踏み入れるに際しては不安を感じるというのが正直なところである。

2つ目は、ウアンボから東へ44㎞行ったところにある工場建設予定地である。総面積は約120万㎡で、2010年3月～2010年7月に除去作業を実施したとされる。山梨日立機（プッシュ型）2台で67万㎡を処理し、マニュアル・チームで48万㎡を処理した。後者の手作業で対処した場所は石・岩が多い場所とされ、地雷除去機では機械が壊れる恐れがあるので、マニュアル・チームで実施し、地雷3個とUXO9個を除去したとされる。前者の地雷除去機で対処した場所は、機械が掘削したあとは凸凹が大きくなるので、その後のマニュアル・チームの探知作業が困難になるとのことであるが、その敷地内はブルドーザーでもう一度整地され、工場の建物はすでに完成していた。

⑤　ウアンボ・ワークショップの現状

ウアンボのワークショップ（機材集積所および研修センター予定地）は、ウアンボの東19㎞のところにある。敷地面積は19haで、首都ルアンダ近郊のヴィアナに次ぐ、INAD第二のロジスティックス機能と訓練・整備機能を持つセンターである。

写真５－７　ウアンボ支部での地雷除去チームの朝礼

写真５－８　溶接器等を搭載した移動修理車両

訪問時にそこにおかれていた地雷除去機は、山梨日立のバックホー型1台（標準バケットを装備）とプッシュ型3台（フレール装備）であった。山梨日立機10台は、ルアンダ港に陸揚げされ、２００９年2月に陸路ウアンボへ搬入された。ここで、２００９年6月に山梨日立の技術者がきて訓練を行ったとのことである。

　このワークショップの重要な機能の1つは、破損した地雷除去機の部品（とりわけ壊れやすいフレール）

の修理である。プッシュ型機のチェーンの破損は、地雷除去作業とともに大量に発生し、溶接担当者5人が交代で修理溶接をしている。アンゴラでは石・岩が多いので、数日の稼働で破損することもある。

一方で、毎日の溶接作業を通じて溶接技術は大幅に向上している。また、INADは日本のマルマ製（車体はいすゞ）のモバイル・ワークショップ（現場で修理ができるようにトラックの荷台に修理機材を積んだ車両のこと）を3台保有しており、この中にある溶接機を使って、チェーンの修理をしている（写真5－8）。

第3節　カンボジアとの比較検討

一方、アンゴラでの地雷除去活動についての現地調査に先立って、2008年1月に、カンボジアでの地雷除去活動についての現地調査をする機会があった(3)。以下では、その際の経験に基づいてカンボジアでの地雷問題と日本の支援活動についてまとめておこう。カンボジアは日本の地雷除去支援の原点である。

3－1　カンボジアにおける地雷除去活動

カンボジアの地雷は、1967年のベトナム戦争当時に北ベトナムによってはじめて埋設されたといわれている。一方、カンボジア南部・東部の地域、特に「ホーチミンルート」と呼ばれる北ベトナムから南部の民族解放戦線への補給ルートは米軍により激しく空爆された。その時に投下された大量の爆弾が、現在もなお不発弾となって残っている。また、1975年にクメール・ルージュ（ポル・ポト派）が政権の座につき、その後、ベトナムの介入によりヘン・サムリン政権ができると、内戦はさらに泥沼化していった。カンボジア北部・西部でタイ国境地帯に追い詰められたクメール・ルージュは、ここを最後の軍事拠点として防衛するために地雷を埋設する一方で、政府軍もこの地を地雷で包囲した。

このようにして、双方によって仕掛けられた大量の地雷が、今なお北・西部の国境地帯周辺に残っている。観光地として有名なアンコール・ワットの周辺にも大量の地雷が埋設されたのであるが、その地域は観光地ということで真っ先に地雷除去作業が行われたため、現在では危険は（ほとんど）ない。埋設された地雷は400〜600万個と推定され、30種類前後の対人地雷と6種類前後の対戦車地雷があり、主として中国製と旧ソ連製が多い。カンボジアはアンゴラ、アフガニスタン、イラクと並んで深刻な地雷汚染状態にあるといわれる。現在のペースで地雷除去を進めても、100年以上かかるとされている。

東西冷戦に端を発したベトナム戦争と約20年間のカンボジア内戦は、1991年の「カンボジア和平パリ国際会議」での最終合意文書の調印によって終結した。この和平協定後まもなくカンボジア入りしたUNTAC内に地雷除去訓練所が開設された。1993年に設立されたカンボジア地雷対策センター（CMAC：Cambodian Mine Action Center）はＵＮＴＡＣから権限委譲され、カンボジア政府の独立機関となった。それ以降は、ＣＭＡＣが中心となり国連・外国政府・国際ＮＧＯの支援を受けながら地雷除去に取り組んでいる。

地雷と不発弾に汚染されているカンボジアは、社会経済的な負担と物理的な危険に直面している。２００２年に実施された調査結果によると、汚染面積４４６６㎢（東京都の約２倍）、汚染村数６４２２村（カンボジア全体の約46％）、汚染箇所数３０３７カ所、汚染地帯の人口は５１８万人（カンボジア人口の約45％）と推定され、特に貧しい農村地帯の汚染が深刻な状況にあるとされた。

このような地域において、安全な住宅用地や農業用地の確保、運河・灌漑・堀・水門・橋・道路等のインフラ整備、学校・病院・寺などの公共建物の建設などが必要とされている。また、例えば鉱物資源の開発にあたっても開発地区の地雷・不発弾をまず除去しなければならず、経済発展推進のためにも地雷・不発弾の除去は不可欠である。

カンボジアで地雷除去活動を実施している機関はＣＭＡＣであるが、日本はＣＭＡＣに対し、１９９８年度以降、数次にわたって一般プロジェクト無償資金協力（主に地雷探査機材、地雷除去支援機材・車両等の調達）をはじめ、地雷除去部隊への活動経費を目的としたＵＮＤＰへの拠出、草の根・人間の安全保障無償を通じた資金協力、機材維持管理と情報管理専門家の派遣を通じた技術協力、地雷探査機材・除去機材の高度化をめざした研究支援無償を実施してきた。

この中で金額に関して最も大きな比率を占めるのが、一般プロジェクト無償であり、1998年度以来、地雷除去活動機材整備計画として、数次にわたって機材調達を支援してきた（1999〜2007年の一般無償合計金額は約34億円）。こうした機材供与を通じて、CMACが保有する重機および車両のうちのかなりのものが日本からの支援である。

3－2 カンボジア地雷除去の現場

2008年に実施した調査で、カンボジア西部の中心都市バッタンバンから車で1時間程度のところにある農村の地雷除去現場で、実際の地雷除去作業をみる機会があり、日本のODAで供与した灌木除去機も稼働していた。また、金属探知機は、日常的に故障と修理が繰り返される状況にある。金属探知機はきわめてデリケートな機材であり、一般的には耐用年数が5年程度といわれている。2000年以来、無償資金協力によってたびたび支援がなされており、修理を繰り返しながら使用されている。

写真5－9は、地雷の存在を示す標識であり、赤い標識にドクロ・マークがとてもおどろおどろしい。なお、この標識は世界共通であり、言語は異なるがマークそのものはアンゴラでもアフガニスタンでも同じである。

写真5－10は、日本がCMACにODA（無償資金協力）で供与した潅木除去機である。

写真５－９　地雷を警告する標識（2008年１月，以下同時期）

写真５－10　日本が供与した潅木除去機（バッタンバン近郊）

手作業での地雷除去の前に、生い茂った潅木をまず除去する作業を行うための機械であり、いわゆるバックホーの建機のバケット部分をロータリカッターに取り替え、また地雷が爆発しても運転手がけがをすることのないようガラスや装甲を強化したものであり、この機械も山梨日立の製造である。

　カンボジアには潅木除去機が数多く供給されているが、すべてを稼動させてしまうと潅木除去作業が早く進みすぎてしまい、マニュ

写真５－11　民家の周囲での地雷除去作業

アル・チームの作業が追いつかないという問題も生じている。その背景には、地雷を１００％除去することは、現在の技術ではデマイナー（除去作業員）による手掘り作業によってのみ達成可能であるという現実がある。特にカンボジアの場合は、熱帯モンスーン地域に属するため、雑草や潅木がすぐに生い茂り、アンゴラのような大型の地雷除去機は使いにくく、機械でできるのは潅木除去までである。デマイナーの作業は恐怖と危険に満ちたものである。もちろん、デマイナーの危険作業を非難する人もいる。しかし、残念ながら今の技術でデマイナーの手掘り作業に代わる、１００％除去を達成できる手段・機械はないのが実情である。

また、写真５－11でもわかるように、地雷除去現場は民家のすぐ脇にあり、民家の子どもたちが家畜に餌をやるために移動していたり、家の中で普通に生活していたりと、地雷がある中で日常を過ごしているのが現状である。地雷除去作業は少しずつ進んでいるが、まだ地雷が

写真５－12　地雷除去に従事する女性作業員

残存する地域はたくさんあり、今後ともこうした地道な作業を着実に進めていく必要がある。

また、カンボジアは暑く、分厚く重い地雷除去用のベストやヘルメットを着用すると、暑さはひとしおであり、大変な重労働である。それもあって、デマイナーの給料は、一般のカンボジア人の水準と比較して高いことがあげられる（といっても２－３週間の作業で３００－４００ドル程度であるが）。こうしたデマイナーの中には若い女性が少なくない（写真５－12参照）。なぜ、こうした危険かつ重労働の作業に若い女性が従事しているかというと、こうした地雷の多い地域の出身で、両親（特に父親）が地雷で負傷し働けなくなり、家計を支えなくてはならない若い女性を優先的にデマイナーとして採用しているからであるとの説明であった。

3−3　アンゴラでの日本の支援とその方向

アンゴラのＩＮＡＤは、カンボジアのＣＭＡＣに相当する地雷除去機関である。アンゴラ政府はカンボジア政府よりも資金的にゆとりがあることもあって、ＣＭＡＣが地雷除去機のほとんどを外国からの援助に頼っているのに対して、アンゴラのＩＮＡＤは政府予算での購入が可能である。ＩＮＡＤは山梨日立地雷除去機を、２０１０年末の時点ですでに12台を保有しており、さらに20台の山梨日立機械をアンゴラ政府の予算で購入することを計画していた。こうした、多数の山梨日立製地雷除去機の日常維持管理や将来の修理ニーズへの対応、さらには将来的な機材数の増加への対応が必要であり、中・長期的な展望を視野に入れれば、こうした地雷除去機を効率的に活用し地雷除去活動を拡大していくために、ＩＮＡＤの能力強化の必要性は高い。アンゴラの日本大使館は、日本製の地雷除去機が、将来、きちんとした整備・維持管理がなされずに雨ざらしになるといった事態が生じることを避けるため、ＩＮＡＤの地雷除去機の維持管理・整備能力の強化を支援する必要があると判断し、アンゴラに調査団を派遣したわけである。

もっとも、ＩＮＡＤの地雷除去能力の強化向上のためには、仮に山梨日立機の活用に限定した場合でも、単に山梨日立機の機材整備や部品管理だけでなく、地雷除去機を活用した効率的な地雷除去計画づくりも不可欠である。保有する地雷除去機を適切に整備し維持管理することに加え、地雷除去活動を効率的・効果的に行うためには、地形や自然条件など、さまざまな状況や場所に応じて、最も効率的な活用ができる地雷除去機を使い、それらをうまく組み合わせながら最適な活用をすることが必要であるが、ＩＮＡＤの場合、そのような機械の使い方ができているとは言い難い。地雷除去機を操作するメカニカル除去チームと、手作業で対処しなくてはならない場所や段階でのマニュアル除去チームの、バランスや両者の最適配分を考えなくてはならず、こうした面での効率的な機材・人員配置計画も重要である。

一般によく誤解があるが、大型の地雷除去機の導入は手作業での地雷除去を完全に代替するものではなく、数日の地雷除去機の作業ののち数週間にわたる手作業での地雷除去作業が必要だというのが実態である。小型の地雷除去機をうまく併用して活用するという選択肢も考える必要がある。その意味で、ニーズに応じた最適で効率的な機械および人員配置計画をいかに作成・運営するかが、ＩＮＡＤの組織上の大きな課題である。

ＩＮＡＤは、こうした地雷除去計画作成および運用上の課題を抱えており、日本（ＪＩＣＡ）のＩＮＡＤの能力向上支援に際しては、この課題に対応する何らかの工夫が必要だというのが、我々の調査チームの結論の1つであった。ただし、こうした効率的な地雷除去計画や配備・配置計画策定に関する助言や技術支援は、ＩＮＡＤ本部に対する政策的な助言であると、なかなか聞く耳を持たない可能性が高いのが難しい点である。アンゴラの地雷除去組織はプライドが高く、そもそもアンゴラという国は、国としての計画づくりに外国人が口を出すのをひどく嫌う。おそらく長い間の植民地支配と外国の介入を受けた形での長い内戦の経験がそうさせているのだと推測される。

他方で、現場での具体的な地雷除去機の効率的使用のための助言や技術支援という形であれば、有効な助言となる可能性がある。まずは、現場に近いところで、ＩＮＡＤの地雷除去作業・計画・人員や機材配置の実情を把握し、そこにおける課題を具体的に把握し、日本が支援しうる分野や項目を特定しながら、今後の支援につなげていくプロセスが重要である。具体的には、ワークショップ（訓練・保守維持管理センター）で勤務し、除去作業や人員配置を見ながら、現場での作業の改善に係るコメントを行い、信頼を勝ち得ながら、その結果を踏まえてＩＮＡＤ本部にも提言、さらに日本の持つリソースや支援できる分野を見ながら、さらにその次の支援について提案する、といった地道な支援が現実的な方向であり、それが日本的な支援の進め方ともいえる。

２０１３年よりこうした形の専門家派遣がＪＩＣＡの技術協力として開始されたと報じられており、今後とも継続的にアンゴラの地雷除去のための貢献がなされることを願っている。

【註】

（１）オタワ・プロセスについては例えば次を参照。足立研機（２００４）。また、この成功にならい、クラスター弾禁止条約についても同様なプロセスでその成立にＮＧＯが大きな役割を果たした。

（２）国際協力機構『２０１０年度・アンゴラ国地雷除去・対策支援プログラム形成準備調査』。この調査は三菱総合研究所が受注し、現地調査は、主に70歳ほどになる年輩の地雷除去専門家の標（しめぎ）昌充氏とともに実施した。報告書の技術的な部分は主として標氏がとりまとめた。

（３）国際協力機構『２００８年度・カンボジア国・人間の安全保障実現化のためのＣＭＡＣ機能強化プロジェクト事前評価』。本報告書も技術的部分は地雷除去専門家の標氏によってまとめられた。

［参考文献］

足立研幾（２００４）『オタワプロセス―対人地雷禁止レジームの形成』有信堂。

外務省（２００５）『対人地雷対策支援政策評価・報告書』外務省（ＨＰより入手可能）。

国際協力機構（２００８）『カンボジア国・人間の安全保障実現化のためのＣＭＡＣ機能強化プロジェクト・事前評価報告書』。

国際協力機構（２０１０）『アンゴラ国・地雷除去・対策支援プログラム形成準備調査・報告書』。

高山良二（２０１０）『地雷処理という仕事』ちくまプリマー新書。

CNIDAH (2006), *Mine Action in Angola: 2006-2011 Strategic Plan*, CNIDAH (Angola).

Martha Finnemore & Kathryn Sikkink (1998), "International Norm Dynamics and Political Change," *International Organization*, 52-4, Autumn, pp.887-917.

UNDP (2009), *Independent Evaluation Report for UNDP Mine Action Capacity Development of INAD 2007-2009*, UNDP (Angola).

コラム⑤ 対人地雷禁止条約と規範形成のダイナミズム

市民運動やNGOから発した運動が、国境を超えて連携し各国政府を動かし、新しい国際的規範形成に成功した事例も少なくない。有名な取組みの例として、対人地雷禁止条約（オタワ・プロセス）の事例がある。

「対人地雷の全面的な禁止」を目標に掲げた「地雷禁止国際キャンペーン（ICBL）」は、1992年に米国とドイツでスタートした。強力なロビー活動を展開する中で、1996年10月にカナダ政府が対人地雷禁止を国際条約とするための国際会議をオタワで開催し、国連機関などもこれに加わり、いわゆる「オタワ・プロセス」という形で国際世論を糾合していった。1997年9月には、121カ国の代表と約100のNGOが出席したオスロ会議で「対人地雷全面禁止条約」が採択された。同年10月には、ICBLとジョディ・ウィリアムスがノーベル平和賞を受賞するなど国際世論の後押しを受け、12月には122カ国が対人地雷の使用・貯蔵・製造・譲渡を禁止する同条約に署名した。米国、中国、ロシアなど最大の地雷保有・製造国が調印しておらず、その点で限界はあるものの、国際世論の高まりを受けて、きわめて短期間の間にこうした国際規範の形成に至った事例として、注目を浴びている。

規範形成のダイナミズム

段階	構成要素
第 1 段階：発生	
アクター	規範推進者／組織的基盤
動機	真理・共感・理想
主要メカニズム	説得
転換点	参加国の 1/3 の賛同 「決定的国家」の賛同
第 2 段階：発展	
アクター	国家・国際機関・ネットワーク
動機	正当性・賞賛・評価
主要メカニズム	社会化・制度化・展開
第 3 段階：確立	
アクター	法・専門家・官僚
動機	順応
主要メカニズム	慣習・制度化

出所：Finnemore and Sikkink（1998), p.898.

こうした国際規範形成の事例に着目して、C．シキンクとM．フィンモアは、国際規範の発生・発展・確立段階を区別した上で、「規範カスケード」という概念を導入して、特有のメカニズムがあることを主張した。「階段状の滝」を意味するカスケードという言葉は、国際規範のドラスティックで急激な変化を指して名付けられたものである。すなわち、何らかの社会的行為に参加するプレーヤーの数が一定数に達すると、他のプレーヤーもそれに参加すべきであるとの圧力にさらされ、ある時点を境に加速度的に参加プレーヤーが増えるという現象をさす。

同様なプロセスをへて国際規範形

成に至った事例としては、2008年に採択されたクラスター爆弾条約（オスロ・プロセス）の事例があり、2000年にピークを迎えた「債務帳消し運動」も、国際開発分野におけるこうした事例の1つである。こうした事例が増えていることは、グローバルな市民社会のネットワークの影響力が次第に拡大していることを示すものといえよう。

また、国際社会で広まってきている注目すべき「規範」として、「保護する責任（Responsibility to Protect: R2P）」論がある。これは、「国家主権は人々を保護する責任を伴い、国家がその責任を果たせないときは、国際社会がその責任を代わって果たさねばならない」とするものであり、内戦や国家の破綻の中で生じる人道的危機や非人道的行為を国際社会は放っておいてはいけないとする議論である。この議論は、2001年12月に国連に対して提出された「干渉（介入）と国家主権に関する国際委員会（ICISS）」の報告書で提唱され、その後、2005年9月の「国連首脳会合成果文書」で一定の合意が表明されている。こうした議論にロシア・中国・米国など主要国政府は賛同しているわけではなく、未だ国際的に定着したとまではいえないが、これまで国家の内政問題とされてきた課題に対する国際社会の関与が拡大してきているという流れ自体は、否定できない国際的潮流である。

終章 「紛争後の復興開発」との関わり

近年、「平和構築」や「紛争後の復興支援」が国際社会の大きなテーマとなり、マスメディアや論壇でも、平和構築や世界で多発する地域紛争に国際社会がどう対応するかという課題は、頻繁に取り上げられるテーマである。

紛争によって疲弊した、あるいは政治社会的に不安定な国・地域への復興開発支援への私の関わりは、振り返ってみると結構長い。以下で、やや長くなるが私自身のそうした経験を振り返りながら、紛争後の復興開発との関わりについて述べておくことにしたい。

1 調査研究機関・シンクタンクの研究員として

私の生地は広島県の呉市であり、戦前は海軍の軍港（現在は海上自衛隊の基地）で有名な町である。また、私の母は広島市に投下された原爆を山一つ越えて見ており、親戚の中には直後に救援に行った人もいる。いろいろな戦争体験を子供の頃から聞かされていたこともあって、世界のさまざまな地域で生じる紛争や政治社会不安や、それに日本としてどのように対応すべきかということにはもともと深い関心があり、大学（学部）では国際関係論を専攻した。当時の東京大学の駒場の教養学科は、理想主義的な志向を持つ東大・本郷の国際政治学に対して、現実主義の立場をとる国際関係論を目指していた。私の学問上の恩師である渡辺昭夫先生（日本外交論）や衛藤瀋吉先生（中国・アジア政治）などがおり、また、学際的な志向がきわめて強く、開発の政治経済学で有名な村上泰亮先生や公文俊平先生（社会システム論）に学ぶこともでき、こうした駒場の学問的な雰囲気の中で、今日にいたる学問的な基礎を築くことができたのは幸いであった。

大学卒業後、野村総合研究所（ＮＲＩ）に就職し、約2年間、新入社員として調査のノウハウを一から学んだ。当時の野村総合研究所会長は佐伯喜一氏であり、戦時中は満州鉄道（いわゆる満鉄）調査部におり、戦後、防衛庁所属の防衛研究所の所長だった人物である。入社直後に新入社員同期の6－7名で面談した際、「調査は机の前だけではなく足で調べるものだ」「新聞などの一般情報から重要な情報を見抜く目を養え」といった訓示を受けたが、これらの訓示はその後の私の研究スタイルの原点でもある。また、「情報を握るものが世界を制する」との訓示もあり、これはある種の情報産業としての野村証券グループの特徴を示すエピソードではあるが、日本の国家戦略の中で心しておくべき最も重要な指摘の1つでもあろう。また、最初に配属された経営調査部のとなりには政策調査部があり、当時、日本の新しい国際戦略として打ち出された「総合安全保障戦略」や「環太平洋連帯構想」に関連する調査や提言を担当していた。新人ではあったが、早朝や夜中に、こうした研究の一部に関係させてもらった。ＯＤＡが日本の「総合安全保障戦略」の中核であり、開発途上地域に関わる上での最も重要なツールであり接点であるとの認識はこの頃から持つようになった。

NRIの2年目には国際証券調査部に配属され東南アジアを担当した。欧米資本や香港資本のさまざまな大企業が東南アジアに存在し、この地域の経済を動かしていることを、仕事を通じてはじめて理解した。現実の複雑さを知るにつれもっと勉強する必要を痛感し、NRIは約2年でやめ、大学院の修士課程に戻った。まだ社会人大学院が今日のように広まっていなかった時代である。開発援助政策分析で学位を取り、博士課程の途中から、外務省の外郭団体である日本国際問題研究所（JIIA）にアジア太平洋研究センターが設立されたのに合わせ、研究員として東南アジア地域の、とりわけODAに関連する研究を担当するようになった。外務省の研究所ということもあって、ODAと政治外交が関連する問題が主たる研究対象であった。

JIIA研究員になってから最初にまとめた論文が「ベトナムのカンボジア侵攻と日本の対越援助凍結問題」であり(1)、1988年3月には、1986年より改革（ドイモイ）路線に転換したものの深刻な経済困難に直面していたベトナムでの現地調査も実施し、ソ連が建設中のアジア最大の水力発電所（ホアビン・ダム）なども視察した（写真終－1参照）。当時、ソ連はベトナムに年間10億ドルと推定される多額の支援を供与する一方、カムラン湾の軍港を活用して東南アジアの海洋への進出をめざし、他方で、ベトナムはカンボジアのポル・ポト勢力を駆逐するため最大約15万人の兵力をカンボジアに展開していた。その後、

写真終－1　旧ソ連の支援によるベトナム北部のホアビン・ダム建設現場（1988年3月）

1989年にパリ和平協定が締結され、国連の関与のもとでカンボジアの新たな国づくりがめざされる情勢となったことを受けて、1992年にはUNTAC統治下のカンボジアでの現地調査も実施した。自衛隊のPKO（国連平和維持活動）部隊が展開する予定地域も訪問したほか、カンボジア情勢の変化を踏まえ、ラオスやベトナムも訪問してその改革の状況を調査した。1992年には日本のベトナム援助が再開され、ベトナムの国際社会への復帰が実現し、その後着実な成長を遂げて今日に至っているのは周知のとおりである。ベトナムはある意味では紛争後の復興開発のめざましい成功例であるといえよう。

また、1980年代以来、「紛争周辺国」援助とか「戦略援助」といった戦略的な援助の活用が日本外交の大きな論点となっており、この論点についてのさまざまな調査に関与しいくつかの論文や報告書をまとめた(2)。「紛争周辺国」とはNATOの一員であるもののソ連のコーカサスと隣接するトルコ、ソ連軍が侵攻したアフガニスタンと隣接するパキスタン、内戦が続くカンボジアと隣接するタイなどを指し、「戦略援助」とはこうした国々への支援を戦略的な見地から重視することを意味していた。このようにODAを外交や国際政治や紛争と関連させる議論は、戦後の「経済と政治の分離」路線を乗り越える意味で時代を画する大きな変化であった。「平和構築」という概念がまだ登場していなかった時代である。やがて地域紛争に対処するための予防外交や紛争後の復興支援に関与することが日本の「国際貢献」であるとの論調が支配的になり、今日に至っている。１９８０年代以前は、開発援助が政治に関わることは極力避けるべきことと考えられていたことを考えると、今日の「平和構築」支援の流行は、まさに隔世の感がある。

2　大学教員・開発コンサルタントとして

その後、山梨大学の教員となり国際関係論等を担当したが、１９９２年から１９９４年にかけて2年間ハーバード大学の国際問題センター（ＣＦＩＡ）に留学し、国際社会の民主化・市場経済化支援について研究した(3)。当時のアメリカは、冷戦終焉後の旧ソ連・東欧支援や中南米の民主化支援に熱心であり、ジェフリー・サックスといったエコノミストやマーシャル・ゴルドマンといった著名な旧ソ連地域の研究者たちが、旧ソ連から分裂して独立したいくつかの共和国や東欧（特にポーランド）支援に具体的に関わっていた。援助と国際政治は密接に関係しており、政治社会改革と開発支援とは密接不可分であることをさまざまな事例を通じて実感した。

こうした問題意識の延長上で、大学を退職して、1996年から1997年にかけて約1年間、世界銀行の政策調査局で「ガバナンス」研究に従事した。当時は世銀も、政治社会的な制度要因と経済発展とがどのように関係しているか（いないか）について集中的に研究調査を進めており、毎週のようにガバナンスと経済発展についてのセミナーが開かれていた。とりまとめていたチーム長は、ガバナンスや制度能力の良し悪しと連動させた援助効率化の議論を主導していたダラー（David Dollar）である(4)。政治学や社会学の研究成果も総動員され、きわめて学際的な研究調査が行われ、政治学・社会学をベースとする私としてはきわめて居心地がよく、逆にあまり承知しなかった世銀の開発論のバックボーンを学ぶことができたのは大きな成果であった。

1997年から専修大学に入職することになり今日に至っているが、世銀からの帰国後は、国際社会の開発支援全体をテーマとするようになった。国際金融情報センターのMDBs（国際開発金融機関）研究会の主査も3年間務めた。世界銀行をはじめとする国際開発金融機関も、国際情勢の変化を受けて大きな変革期にあり、特に1996年夏にウォルフェンソンが世銀総裁になった後、世銀は貧困削減に本格的に取り組むようになり、現地化を含む大きな機構改革を断行したことは、国際開発の潮流を転換させる大きな出来事であった。

　１９９９年頃から日本でも「平和構築」という政策概念が広まるようになるにつれ、国際社会で多発する紛争や政治社会不安や紛争後の復興開発に関して、ＯＤＡがどのような役割を果たせるのか、日本の開発援助機関（ＪＩＣＡ［国際協力機構］や当時は円借款を担当していたＪＢＩＣ［国際協力銀行］）はどのような支援をすることができるのか、どのような効果があるのかといったテーマについての調査研究に焦点があてられるようになった(5)。こうしたテーマに関連するさまざまな研究調査に関わることになり、２０００年から２００４年にかけて、カンボジア、東ティモール、スリランカ、アフガニスタンといった紛争関連国の状況調査や具体的な支援の現況や方向性に関する調査に関与した。とりわけ、２００２年夏の独立直後の東ティモールでの調査や、２００４年夏のアフガニスタンでの調査はとても印象深い。当時、アフガニスタンはまだ比較的安定しており、首都カブールだけでなく、南部のカンダハル周辺でもいくつかの援助案件を視察し関連支援団体にヒアリングをすることができたのは、今となっては貴重な経験である（写真終－２参照）。

　そうした中で、２００４年から２００５年にかけて、世界銀行の業務政策局（ＯＰＣＳ）のＬＩＣＵＳ（Low Income Countries Under Stress：逼迫する低所得国）ユニットに、大学のサバティカルの期間を利用して出向することになった。世銀は開発機関であり、歴史的には開発途上国の内政や紛争の問題への関与を避けてきたが、２００１年の９・11同時多

写真終－2　アフガニスタンでの調査（カンダハルの国連支部前，2004年8月）

発テロは世銀のような開発機関にも大きなインパクトを与え、世銀も紛争後の復興支援に深く関与するようになった。またガバナンスが脆弱ないわゆる「脆弱国家」への支援に本格的に取り組むようになり、今では世銀（ＩＤＡ）による支援の約半分はこうした国々への無償援助である。上記の「ＬＩＣＵＳユニット」は、そうした脆弱国家支援を担当する部局として２００２年に設立され、２００５年以降は「脆弱国家ユニット」と称されている。ＬＩＣＵＳユニットに出向することになった背景として、２００２年にＪＢＩＣの「平和構築支援」に関する調査で東ティモールを訪問した際に面談した、当時の世銀の東ティモール事務所長であったサラ・クリフ（Sarah Cliffe）が、２００３年以降ＬＩＣＵＳユニットのチーム長となったことが大きい。世銀のＬＩＣＵＳユニットでは現実の支援政策にも関与することができ、具

体的な支援プロジェクトを知る上できわめて貴重な経験であった。この時期にえられた知見をもとに、この分野の日本の専門家とともにまとめたのが、『開発と平和―脆弱国家支援論』という本である(6)。

2005年秋に帰国した後は、引き続き脆弱国家や紛争関連国・地域への支援に関連する研究調査を中心にさまざまな支援プロジェクトに関わってきた。アンゴラはその中で現地調査に最も苦労した国の1つであり、本書で関連して比較対象として取り上げているカンボジアや東ティモールにはほぼ毎年のように現地調査に関わってきた。調査だけではなく2011年と2012年には、大学の「海外特別研修」の授業の一環として、学部学生を東ティモールの日本の援助現場や国連・国際NGOの支援現場に引率する機会もあった。

近年では、本書で取り上げたルワンダのほか、グルジアやパキスタン、パレスチナ自治区、フィリピンのミンダナオ等の紛争関連国・地域での支援の調査や援助評価に関わってきた。こうした国・地域での日本の支援の現状と課題については、それ自体が大きなテーマであるため本書ではまったく触れておらず、いずれ別の機会に紹介することにしたい。

私自身もまだまだ研究の途上であるが、紛争後の復興開発の現状や支援の課題について、日本あるいは私たち自身に何ができるか、何をすべきで何をすべきでないか、世の中で起こっていることに対してどのような態度を示すべきか、について考えることは、地球社会の一員として誰にとっても大切なことである。そのためには、世界で起こっていることや現実の姿についてより深く知り、冷静な目と頭で実態と課題をとらえることが不可欠である。本書が多少なりともその材料を提供する一助になることを願う次第である。

【註】

（1）稲田十一（1988）「対越援助凍結をめぐる日本の政策と外交的意味―歴史的分析」三尾忠志編『インドシナをめぐる国際関係―対決と対話』日本国際問題研究所、第13章。

（2）例えば、Juichi Inada (1990), "Japan's Aid: Economic, Political or Strategic," *Millennium: Journal of International Studies*, Vol.181, No.3, (U.K.).

（3）Juichi Inada (1993), *Democratization, Marketization, and Japan's Emerging Role as a Foreign Aid Donor*, US-Japan Program Occasional Paper 93-03, Harvard University, (U.S.A.).

（4）この時期の研究成果はやがて次の報告書にまとめられた。World Bank (1998), *Assessing Aid: What Works, What Doesn't, and Why*, Oxford University Press.

（5）例えば、国際協力事業団国際総合研修所編（2001）『平和構築―人間の安全保障の確保に向けて』。国際協力銀行（2002）『紛争と開発：ＪＢＩＣの役割―平和構築に資する開発援助の理論と手法』。

（6）稲田十一編（2009）『開発と平和―脆弱国家支援論』有斐閣。

《著者紹介》

稲田十一（いなだ・じゅういち）

1956年　広島県生まれ。
1980年　東京大学教養学部国際関係論専門課程卒業。
　　　　東京大学大学院社会学研究科（国際学修士）。
　　　　東京大学大学院総合文化研究科博士課程単位取得退学。
職　歴　野村総合研究所，日本国際問題研究所，山梨大学助教授，
　　　　ハーバード大学国際問題センター，世界銀行政策調査局
　　　　および業務政策局，を経て
現　在　専修大学経済学部教授。

主要著書

『国際協力のレジーム分析―制度・規範の生成とその過程』（単著）有信堂，2013年。
『開発と平和―脆弱国家支援論』（編著）有斐閣，2009年。
『国際協力―その新しい潮流（新版）』（共著）有斐閣，2009年。
『紛争と復興支援―平和構築に向けた国際社会の対応』（編著）有斐閣，2004年。

（検印省略）

2014年4月10日　初版発行　　　略称―復興開発

紛争後の復興開発を考える
―アンゴラと内戦・資源・国家統合・中国・地雷―

著　者　稲　田　十　一
発行者　塚　田　尚　寛

発行所　東京都文京区春日2-13-1　**株式会社　創成社**

電　話　03（3868）3867　　F A X 03（5802）6802
出版部　03（3868）3857　　F A X 03（5802）6801
http://www.books-sosei.com　振　替 00150-9-191261

定価はカバーに表示してあります。

ISBN978-4-7944-4064-8　C3036
Printed in Japan

組版：ワードトップ　印刷：亜細亜印刷
製本：宮製本所
落丁・乱丁本はお取り替えいたします。